目次

装丁　大久保明子
撮影　今井知佑
　　　末永裕樹

古くて素敵なクラシック・レコードたち

なぜアナログ・レコードなのか？

村上春樹

レコードを集めるのが趣味で、かれこれ六十年近くせっせとレコード屋に通い続けている。これは趣味というよりは、もう「宿痾《しゅくあ》」に近いかもしれない。僕はいちおう物書きだが、本にはなぜかそれほどの執着はない。しかしレコードに関しては、認めるのはどうも気恥ずかしいのだが、それなりの執着があるみたいだ。

僕がこれまで買い集めてきたのは主にジャズ・レコードだが、クラシック音楽も昔から好きで、ジャズほどではないにせよ、そこそこレコードを蒐集《しゅうしゅう》している。中古レコード店に行くと、まずジャズのコーナーをざっと見るわけだが、そこでめぼしいものが見つからなかったときには、クラシックのコーナーに移る。そして何か面白そうなものがあれば買い込んでしまう（手ぶらで帰るのはなんだかさびしいから）。だいたいそんな風にして僕のクラシック・レコードのコレクションは形成されていった。今うちにあるＬＰレコード・コレクションのおおよその内訳は、ジャズが七割、クラシックが二割、ロック・ポピュラーが一割というところだ。ＣＤになるとその比率はまた変わってくるわけだが。

それではクラシック・レコードはどんなものを買うのか？　演奏家や作曲者が選択の基準になることはまあ当然だが、ジャケットが素敵なのでつい買ってしまうこともあるし、ただ「安いから」という理由で買ってしまうこともある。ジャズの場合のように「この演奏家のものはコンプリートに蒐集しよう」みたいな系統的な目論見はない。行き当たりばったり、みたいに買い込むケースの方が多い。

それから、いわゆる「名盤」みたいなものにもほとんど興味はない。世間的な評価や基準が時として（しばしば）自分にあてはまらないことが、経験的にわかっているからだ。それよりは「ダメ元」で面白そうなものを適当な価格――できるだけ安い価格――で買ってきて、気に入らなければ処分する、気に入ったものを残す、というやり方を一貫して通してきた。他人の下す評価よりは、自分の耳の方を信用する。あるいは好みの方を優先する。僕の善し悪し、好き嫌いの判断は、時に誤っているかもしれないが、あるいは不当なものであるかもしれないが、それによって他の誰かに迷惑がかかるわけでもない。たぶんないと思う。

だから僕の集めているレコードは傾向がかなりばらばらだ。そこには統一性というものがほとんど見受けられない。しかし基本的な「好み」というのはやはりあるようで、たとえばうちにはフルトヴェングラーのレコードはほんの数枚しかない（それもすべて伴奏だ）。そのことをこのあいだ発見して、自分で

もけっこう驚いた。とくにフルトヴェングラーを避けてきたわけではないのだが、たぶんごく自然にそちらに手が伸びなかったのだろう。敬して遠去けるというか……。そういえばトスカニーニも、カラヤンも、カール・ベームも数えるほどしかない。そのかわり指揮者でいえば、トマス・ビーチャムとか、レオポルド・ストコフスキー、ディミトリ・ミトロプーロス、エイドリアン・ボールト、イーゴリ・マルケヴィッチ、フェレンツ・フリッチャイ、（若い頃の）ロリン・マゼールなんかのレコードはけっこうたくさん所有している。

クラシック・レコードの中には、驚くほど高い値段で取引されている「稀少盤」もあるようだが、そういうあり方にもほとんど興味はない。とくにコレクター的な価値がなくても、中身さえよければそれでいい。僕はジャケットも含めた「たたずまい」が良ければそれでいい。僕はジャズ・レコードに関してはいちおうコレクターの端くれとして、それがオリジナル盤（初回プレス盤）かどうかとか、ジャケットの傷み具合はどうかとか、盤質がどうかとか、そういう細部にある程度こだわるのだが、クラシックに関してはそんなことはべつにどうでもいい。稀少盤を集めるよりは、バーゲン箱をせっせと漁《あさ》っている方がずっと楽しい。

クラシック・レコードに関しては、僕はジャケット・デザインにかなりこだわる。経験的に言って、ジャケットの魅力的なレコードは中身も素敵であることがなぜか多いからだ（それはジャズでも同じだが）。ジャケットに心惹かれ

て、中身のことはよく知らずに買い求めた古いレコードが気に入って、それを熱心に聴き続けるということはよくある。だから一般の（まっとうな）クラシック・ファンからは、「なんでまたこんなレコードを後生大事に聴いてるんですか？」みたいに驚かれ、呆れられることになるかもしれない。

本書では主に、そういう「結果的に集まってしまった」レコードたちを中心に紹介している。つまりこれはあくまで個人的な趣味・嗜好に偏した本であって、そこには系統的・実用的な目的はない。「これがこの曲のベスト盤だ！」みたいなガイドブック的意図も皆無だし、「私はこんな珍しいレコードを所有しています」とひけらかすことが目的でもない（実のところ、そこまでの専門知識を僕は持ち合わせていない）。たまたま買い込んだレコードの中で、個人的になかなか気に入っているものを棚から引っ張り出してきて、「ほら、こんなものもありますよ」とお見せするだけのものだ。そのほとんどは一九五〇年から一九六〇年代半ばにかけて——つまり半世紀以上前に録音されたビニール製の真っ黒なディスクだ。

そんな本が何かの役に立つのかと言われると、「いや、あまり役に立たないかもしれません」と正直に答えるしかない。でもクラシック音楽を愛好する方なら、ページを繰って、ジャケット写真を目にしているだけで、ある程度親密な気持ちになっていただけるのではないかと推測する（希望する）。僕はときどき一時間くらいぼんやり床に座り込んで、気に入ったレコード・ジャケット

を次から次へと、手に取って眺めていることがある。時々匂いを嗅いでみたりもする。それだけでけっこう安らかな気持ちになれるから。

もちろん新譜のディスクは、ほとんどの場合アナログでは出ていないから、ＣＤで買い求めることになる。しかし残念ながら、ＣＤのプラスチック・ケースを手に取ってじっと眺めていても、とりたてて幸福な気持ちにはなれない（ましてやインターネット関連については語るまでもないだろう）。それに比べると、古いＬＰレコードには、ＬＰレコードにしかないオーラのようなものがこもっている。そのオーラが、まるでひなびた温泉のお湯のように僕の心を芯からじんわりと癒やしてくれる。

ＬＰレコードのどこがそんなに良いのか、と訊かれることがある。僕に言わせれば、ＬＰレコードの利点はまず第一に、レコード盤の手入れをしてあげればそのぶん音が良くなることだ。何度も何度もきれいに磨《みが》いてあげれば、音は確実に目に見えて（というか、耳に聴こえて）向上する。僕はそれを「レコードの恩返し」と呼んでいる。ＣＤではそんなことはまず起こらない。だから暇さえあればせっせとレコードを磨いている。埃だらけの古いレコードを安く買ってきて、それをできるだけぴかぴかにしてあげるのは、僕にとって何よりの喜びなのだ。

第二にオーディオ周りを整備すれば、音質が向上するというメリットもある。カートリッジを交換するとか、トーンアームを細かく調整するとか、インシュ

レーターを工夫するとか、機械の配置を換えてみるとか、そういういろんなことをして自分の手で音をコントロールすることができる。ＣＤプレーヤーは基本的に「買ってそのまま」のブラックボックスだから、人の手が関与する余地はほとんどない（と思う）。レコード・プレーヤーの整備にはそれなりに手間と費用はかかるだろうが、これはあくまで趣味的な世界なのであって、その辺はまあやむを得ない。そこそこの苦労は覚悟してもらうしかない。

つまり一言で言えば、「ＬＰレコードは気を遣って扱ってやれば、それなりに反応を見せてくれる」ということになる。そういうヒューマンなリレーションシップのあり方が、僕としては堪《こた》えられないのだ。

それからジャケットのサイズがＣＤよりずっと大きいというところも気に入っている。手に取って眺めるにはちょうど良いサイズなのだ。気に入ったレコードのジャケットを眺めているだけで、そこにある音楽の世界に、ひとつ違う入り口から入っていくことができる。あるいは僕はものの形にこだわりすぎているのかもしれない。でもそうなっちゃったんだから仕方ないじゃないか、とある程度開き直っている。だって人生なんて結局のところ、ほとんど意味を持たない偏《かたよ》りの集積に過ぎないのだから。

ＬＰレコードの難点は重いこと（とくに初期盤は重い）、そして場所を取ることだ。うちには一万五千枚くらい（たぶんそれくらいはあると思う。数えてないので不明だが）のレコードがあるが、その場所の取り方に関して、ことあ

るごとに家人から苦情を聞かされる。買っては売り、買っては売りしているのだが、なぜかその数は着々と、刻々と増えていくみたいだ。価値あるレコードがバーゲン箱で叩き売られていたりすると、見兼ねてというか、「亀を助ける浦島太郎」みたいな心境でつい買い込んでしまうことになる。そういうのはたしかに、趣味というよりは「宿痾」と呼んだ方が近いかもしれない。

本書では基本的にアナログ・レコードしか取り上げなかったが、所々で例外的に、リファレンスとしてCDの演奏にも触れた。日常的にはアナログとCDをだいたい半々くらいの割合で聴いているのだが。

なぜブルックナーがない？　なぜワグナーがない？　など、あれこれ疑問・不満はおありになると思うが、この本はあくまでうちにある「手持ちのLPレコード」を主体として構成されており、いろんな意味合いで偏りがある。ブルックナーとワグナーに関しては、我が家にたまたま興味深い、適当な古いLPレコードが見当たらなかったという事情もある。決してブルックナーやワグナーを軽視しているわけではありません。

取り上げて語りたいレコードはまだまだたくさんあるんだけど、やりだすとキリがないのでとりあえずこのへんでやめておきます。

〈楽器等略記〉

Pf → ピアノ
Vn → ヴァイオリン
Va → ヴィオラ
Vc → チェロ
Cl → クラリネット
Cem → チェンバロ
Hn → ホルン
Fl → フルート
SQ、Q → 弦楽四重奏団
S → ソプラノ
Ms → メゾ・ソプラノ
A → アルト
T → テノール
Br → バリトン
B → バス

〈レコード会社略記〉

West. → Westminster
Col. → 米Columbia
Gram. → Grammphon
Phil. → Philips
HMV → His Master's Voice
Dec. → 英Decca
Vic. → RCA Victor
Tele. → Telefunken
Van. → Vanguard

1）ストラヴィンスキー　「ペトルーシュカ」

エルネスト・アンセルメ指揮 スイス・ロマンド管 London LL130 mono（1949年）
エルネスト・アンセルメ指揮 スイス・ロマンド管 London CS6009 stereo（1958年）
クラウディオ・アバド指揮 ロンドン響 Gram. 2532 010（1980年）
ズービン・メータ指揮 ニューヨーク・フィル 日CBS SONY 25AC1162（1979年）
エーリッヒ・ラインスドルフ指揮 ニュー・フィルハーモニア管 LONDON SPC-21058（1973年）

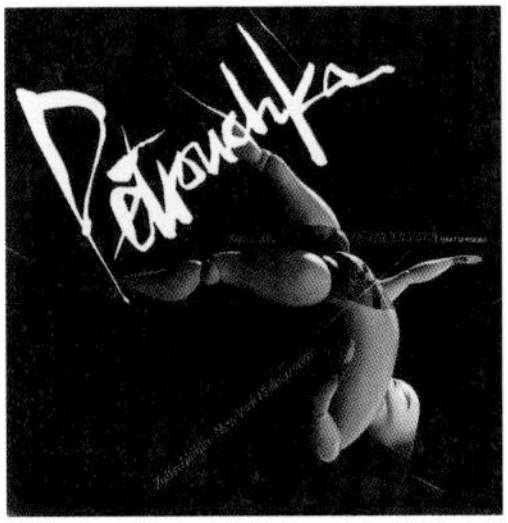

アンセルメとスイス・ロマンド管はこの曲を、モノラルとステレオで二度英デッカに吹き込んでいる。この時期（モノラルとステレオの端境期《はざかいき》）には、カタログを埋めるために、よくそういう吹き込み直しがおこなわれた。どちらのジャケットも古っぽくて、甲乙つけがたく心をそそられる（どちらもアメリカ仕様のロンドン盤）。ほとんどジャケ買い状態で買ったレコードだ。

アンセルメの新旧の録音には十年ほどの間があいているが、演奏のラインはおおむね同じ。でも比較すると、ステレオ盤の方が録音も演奏もどちらかといえば鮮やかで鋭い。モノラルの方がよりジェントルでふくよかな印象がある。演奏はどちらも流れが自然で、せかせかしたところもなく、適度なユーモアも漂わせ、安心して何度も耳を傾けることができる。アンセルメさんの人徳みたいなものを感じさせる演奏だ。アンセルメはピエール・モントゥーの後を受けてディアギレフ・バレエ団の指揮者に抜擢され、ストラヴィンスキーの多くの曲の初演を受けもった。ストラヴィンスキーとは大の友人でもあり、だからその音楽のあり方がしっくりと無理なく身についているようだ。もっとも後年は音楽の解釈を巡って仲違いして、口もきかなくなったそうだが。

より新しい演奏者のものは（たとえばアバドとかメータの盤）、レコード会社の方針もあるのかもしれないが、音響効果をデモンストレーション的に強調する傾向が強くなっているように僕には感じられる。アバドの演奏は鋭く知性的、メータは濃密で勢いがある。どちらも点数の高い優れた演奏だとは思うけ

ど、「ほら、どうだ」というような野心的な音作りがなんとなく耳に残り（個人的見解）、何度も繰り返しレコードをターンテーブルに載せたいと思えるかどうか。

ボストン交響楽団音楽監督の椅子を後任のウィリアム・スタインバーグに譲ってフリーの身となったラインスドルフが、英国に渡ってニュー・フィルハーモニアを振った盤。英デッカの「フェイズ４」録音が優秀だ。奥行きのある鮮やかな音だが、デモ的にあざとくはない。音を聴くだけでもこのレコードを持っている価値はあるのではないか、と思わせるほどだ。そしてまたラインスドルフの演奏も——思いのほかと言っては失礼になるが——けっこう聴きごたえがある。熟達した指揮者として、大げさになることなく野心に走ることなく、聴かせるべきところはしっかり聴かせる。まさに上級プロフェッショナルの世界だ。このＬＰ、それほど期待しないで何かのついでに買ってきたのだが、結果は「あたり」だった。そういうことってある。ただしこのレコード・ジャケットだけはちょっと勘弁してもらいたい。まるでＢ級恐怖映画のサウンドトラック盤みたいだ。これでジャケ買いをする人はまずいないのではないか。

2) シューマン　交響曲第2番 ハ長調 作品61

ジョージ・セル指揮 クリーヴランド管 Col. ML4817（1952年）

ジョージ・セル指揮 クリーヴランド管 Epic LC-3832（1960年）

フランツ・コンヴィチュニー指揮 ゲヴァントハウス管 Eterna 8 20 289（1960年）

レナード・バーンスタイン指揮 ニューヨーク・フィル 独CBS SBRG 72122（1960年）

ポール・パレー指揮 デトロイト響 Mercury SR90102（1955年）

シューマンの残した四つの交響曲の中ではいちばん目立たないかもしれないのがこの2番だ。でもよく聴き込むと、ところどころにシューマンらしい「ちょっと風変わりな展開」が聴き取れて、個性的魅力に満ちた音楽になっている。とくに二楽章が面白い。

ジョージ・セルはモノラル時代とステレオ時代に二度、この曲を吹き込んでいる。モノラル盤はいかにもセルらしい、研ぎ澄まされた妥協のない演奏だ。クリーヴランド管は要求に応えて、しっかりと鍛え上げられた音を出している。この時期のアメリカのオーケストラは、戦火を逃れてヨーロッパから移住してきた腕利きの演奏家たち（主にユダヤ系）が集まっているので、きわめて質が高い。

ステレオ時代に入ってからのセルの演奏は（といってもうちにある盤はモノラルなのだが）、モノ時代よりは表面がいくらか滑らかになり、口当たりはそこそこ良くなってはいるが、一皮剝けば中身はさして変わりない。「戦闘的」と表してもいいような攻めのアプローチを、この指揮者は基本的にとっている。この曲が意識下に含んだ、精神的緊迫のようなものを引き出そうとしたのかもしれない。

この「交響曲2番」の初演は、ライプツィヒ・ゲヴァントハウスの演奏会でおこなわれた。つまりコンヴィチュニーの演奏はまさに「本場物」ということになる。だからというわけでもないだろうが、オーケストラの音はセル盤より

自然体になれている。録音のせいもある程度あるのだろうが、違いはかなり顕著だ。コンヴィチュニーはどちらかといえば「シューマンの正しい音」を出すことに意識を集中している。そしておそらくそれに成功しており、骨格も正しく、聴きやすく、「なるほど」と首肯《しゅこう》できる音楽になっている。

才人バーンスタインの演奏は実に切れが良く、流れが滑らかだ。スマートで知的。ただコンヴィチュニーの盤と比べると、流れがいささかアスリート的に滑らかすぎる部分があり、「もう少しタメみたいなのがあってもいいんじゃないか」という思いを抱いてしまう。この演奏を聴いていると、以前旅行で訪れた楽都ライプツィヒの町並みの、くすんだ色合いの不揃いな陰影が懐かしくなる。

パレーとデトロイト響、よく引き締まった筋肉質の演奏だが、かといって即物的というのでもない。音作りはいちおうアメリカ的だが、セルやバーンスタインの主張の強い演奏に比べると、その中身は健全な中庸さを地道に保持しており、コンヴィチュニーほど生真面目でもなく、安心して聴ける充実した演奏になっていると思う。それほど目立たない指揮者とオーケストラで、話題になることはほとんどないみたいだが、この演奏、僕はかなり気に入っている。

3）モーツァルト　ピアノ協奏曲第25番 ハ長調 K.503

カール・ゼーマン(Pf) フリッツ・レーマン指揮 ミュンヘン・フィル Gram. 16014 (1952年)
ダニエル・バレンボイム(Pf) オットー・クレンペラー指揮 ニュー・フィルハーモニア管 Angel S36536 (1968年)
フリードリヒ・グルダ(Pf) クラウディオ・アバド指揮 ウィーン・フィル 日Gram. 30MG0165/6 (1975年)
マレイ・ペライア(Pfと指揮) イギリス室内管 Col. 37267 (1982年)

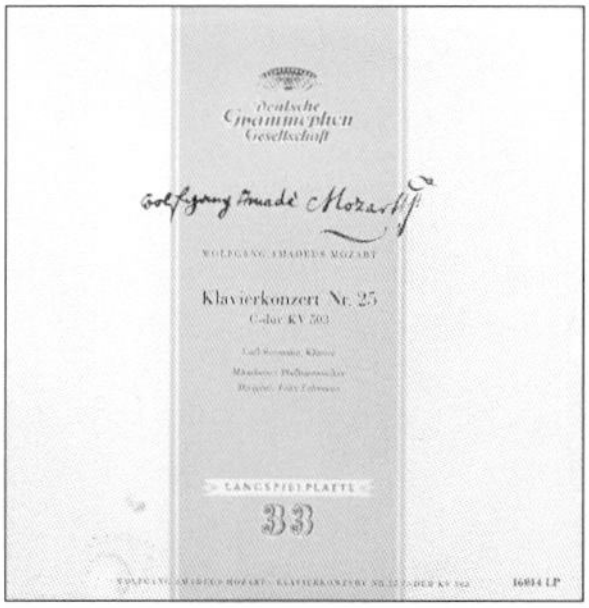

このレコードを聴くまで、カール・ゼーマンというピアニストは名前こそちらっと耳にしていても、実際の演奏を聴いたことはなかった。ドイツの中古店で、この10インチの古いレコードを見つけて買ってきたのだが、一聴してその音楽の姿勢の良さに強く打たれた。そうだ、こういうモーツァルトを聴きたかったんだよな、という音がまさに朗々と鳴っている。ピアノも素晴らしいし、オーケストラもいい。言うことなし。モーツァルトのハ長調の音が細部にまで満ちている。こういう音楽に巡り会えるのって、実に至福です。

ゼーマンのこのレコードに巡り会うまでは、若き日のダニエル・バレンボイム（このとき二十六歳）が、オットー・クレンペラーの指揮するニュー・フィルハーモニア管弦楽団と共演した25番を愛聴していた。僕は決してピアニスト、バレンボイムのファンとは言えないけれど、老練なクレンペラーと組んでエンジェル・レコードに、ベートーヴェンやモーツァルトの協奏曲を録音していた時代の彼には、言葉ではうまく表現しがたいほど気品のある瑞々《みずみず》しさが漂っていた。この25番のモーツァルトもまことに素晴らしい。その瑞々しさが、クレンペラーのいくぶんこってりした重厚な音と混じり合って、「ちょうど良い」モーツァルトの音が醸《かも》し出される。カデンツァも見事だ。成熟してからのバレンボイムは確かにうまくはなったけど、この頃の清新さのエッセンスは失われたように僕は感じる。そのへんの評価は人それぞれ、好みによって分かれるだろうが。

そういう流れであらためてグルダの演奏を聴くと、「ああ、この人はやはりウィーンの人だったんだ」と思う（膝を打つ）。グルダというとどうしても「ちょっと変わり者」という印象があるのだが、このレコードに耳を澄ませていると、まるで大阪のうどん屋で素うどんを食べているときのような、不思議な安心感を感じる。とくに何かを企んでいるわけでもなく、余計な具を入れるでもなく、あるがままのモーツァルトを何でもなさげに、ちょっと小洒落《こじゃれ》た感じで弾いてくれる。おまけにオケはウィーン・フィルだ。「大名演」とまでは言えないにしても、文句のつけようもない。

ペライアは僕の好みの現役ピアニストの一人で、彼の弾くモーツァルトやシューベルトを普段から愛好している。「鬼才」とか「天才」とは呼びがたいが、あくまで豊かな中庸を目指す「外れ」のない演奏家で、モーツァルトやシューベルトの音楽には実に美しく馴染む。弾き振りをしたこの25番でも、必要十分なテクニックを穏やかに駆使して、インティメイトな慈愛に満ちた音楽世界を立ち上げてくれる。小洒落てはいないが、ほんのりと温かい。世の中が「鬼才」や「天才」ばかりだとちょっと疲れますよね。

4）ラフマニノフ　「パガニーニの主題による狂詩曲」作品43

マルグリット・ウェーバー(Pf) フェレンツ・フリッチャイ指揮 ベルリン放送響 Gram.（1960年）
セルゲイ・ラフマニノフ(Pf) レオポルド・ストコフスキー指揮 フィラデルフィア管 Vic. LCT-1118（1934年）
アール・ワイルド(Pf) ヤッシャ・ホーレンシュタイン指揮 ロイヤル・フィル RDA 29-A（1965年）BOX
レナード・ペナリオ(Pf) フィードラー指揮 ボストン・ポップス Vic. LSC-2678（1963年）

僕がこの「パガニーニの主題による狂詩曲」を最初に聴いたのはマルグリット・ウェーバーのピアノ、フェレンツ・フリッチャイ指揮のベルリン放送交響楽団のLPだった。とてもきっぱりとした、思い入れみたいなものを排した知的な好演で、高校生の頃に愛聴していた。残念ながらそのときのLPは今はもう持っていなくて、ここに挙げたのはドイツ・グラモフォンが出した再発盤（銀色のつるつるしたジャケットはもうひとつ気に入らないが）。しかし中身の演奏は今聴いてもまったく色褪せていない。がっしり骨太のオーケストラの音と、ピアニストの力強く確実な指使い。文句のつけようがない。録音はさすがに少し古くなってしまったが。

その次に手に入れて聴いたのが、作曲者自作自演のアルバム。このジャケット、いかにもロシア風というか、一九五〇年代風アートの古っぽさですね。しかし北国の曇り空に、ラフマニノフさんのむっつりした顔が実際にでかでかと浮かんでいたら、それはちょっとおっかないかもしれない。

録音は一九三四年、初演の直後に録音されたものらしい。初演時のオーケストラもレコードと同じストコフスキー指揮のフィラデルフィア管弦楽団だった。もちろんSP録音で、音も演奏もさすがにちと古風かなという感はあるが、なにしろ大ピアニストでもある作曲者自身の残した演奏なので、演奏自体は文句なく大柄だ。どっしりとして、その世界は微塵《みじん》も揺らぐところがない。さすがに存在感がある。

より新しいものでは（といっても一九六五年の録音だが）、アメリカ人ピアニスト、アール・ワイルドがヤッシャ・ホーレンシュタイン（ロイヤル・フィル）と組んだラフマニノフのピアノ協奏曲作品集（ＬＰ四枚組ボックスセット）に収められたものを比較的よく聴く。これは、「リーダーズ・ダイジェスト」頒布会のためにＲＣＡレコードが依頼を受けて、英国で制作したもので、市販はされなかったが、演奏録音共にきわめて優秀で、しっかり聴き応えがある。知る人ぞ知る隠れた名盤だ。僕はアメリカの中古屋で見つけて買ったんだけど、値段はなんとそっくり全部で一ドルだった！　通信販売のボックスものは、中古屋巡り人《びと》にとってはけっこう楽しい「穴」です。

ペナリオはいくつかの優れた演奏を残しているが、この曲に関してはいささかテクニックに溺れすぎて、落ち着きを欠いているようだ。ボストン・ポップスもここではちょっとやり過ぎ。生演奏で聴いたらなかなか楽しそうだが。

5) ショパン　バラード第3番 変イ長調 作品47

スヴィヤトスラフ・リヒテル(Pf) Gram. LPM-18766 (1963年)
アルトゥール・ルービンシュタイン(Pf) 日Vic. SRA7721 (1959年) BOX
フリードリッヒ・グルダ(Pf) London LD 9177 (1955年) 10インチ
ヴィトルト・マルクジンスキー(Pf) Angel S-36146 (1963年)
ウラド・ペルルミュテル(Pf) 日Vic. VIC-28040 (1974年)
ターマシュ・ヴァーシャリ(Pf) Gram. 136 455 (1965年)

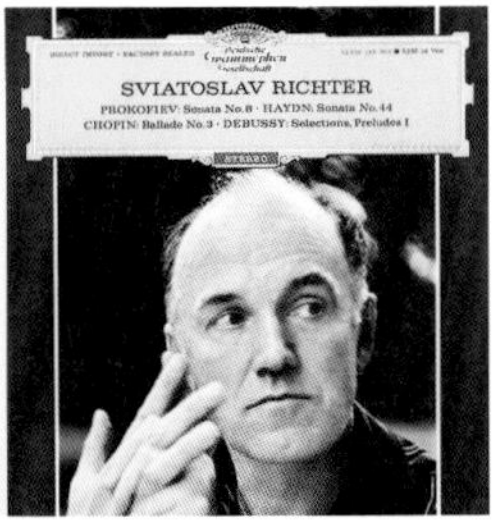

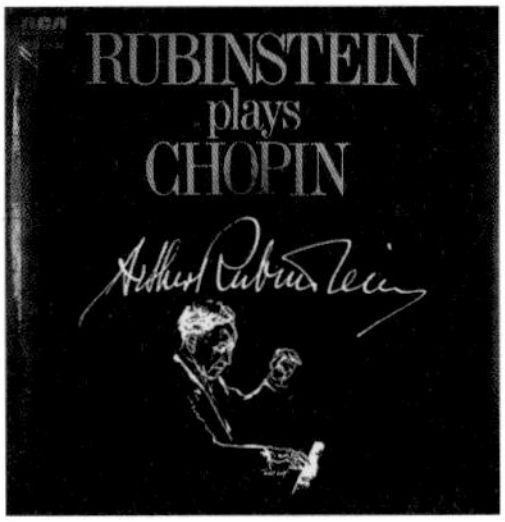

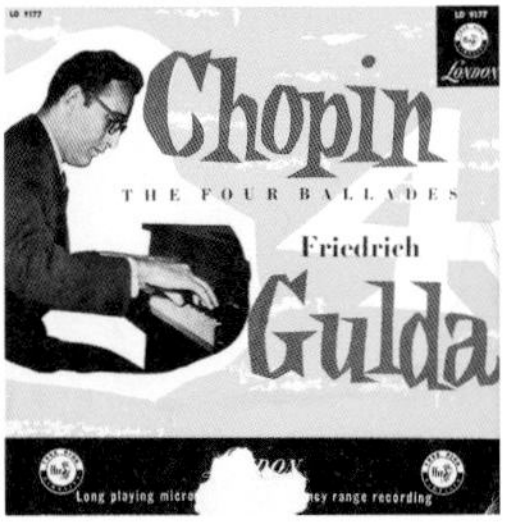

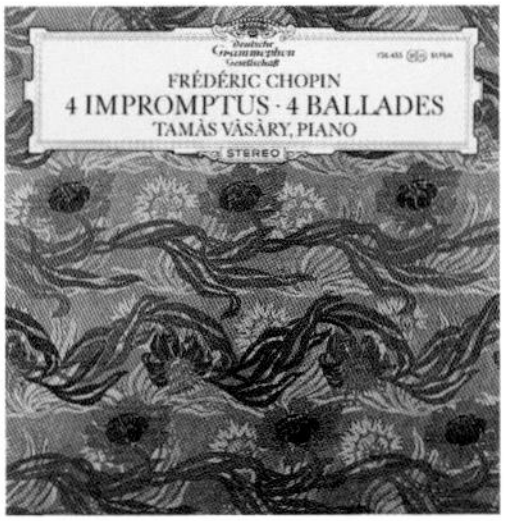

初めてこの曲を聴いたのは高校時代、リヒテルのこのレコードによってだった。それでショパンの数ある曲の中でもとくにこのバラード第3番が好きになった。そういう巡り合わせはある。しかしリヒテルのその演奏と、ルービンシュタインの演奏を聴き比べると、曲の印象ががらっと違う。録音年は四年ほどしか違わないのに、時代がひとつ飛んでいるという気がするくらいだ。ポーランド生まれのルービンシュタインの場合、「ショパンとはこういうものだ」という演奏理念が、リズムからソノリティー（音の響き方）まで、DNAみたいに身体に内蔵されているのだろう。一方ロシア人であるリヒテルの場合、ショパンはあくまで外来の音楽である。楽譜を客体的に読み込んで、自分の音楽を立ち上げていく自由が許されている。その違いはとくにショパンの場合、大事な要素になるかもしれない。リヒテルは一九六〇年のカーネギーホール演奏会でも「3番」を弾いているが、このレコードの演奏（スタジオ録音）とは雰囲気がかなり変化している。リズムの取り方も微妙に違っている。どちらの演奏も見事だが、ホールでのライブ録音を聴いていると思わず「ほう」とため息をつきたくなる。演奏後にわき起こる観客の「咆哮」もむべなるかな。

フリードリッヒ・グルダは本来はモーツァルト、ベートーヴェンなどの独墺古典音楽を得意とする人だが、それ以外のものを弾かせてもそれぞれに面白い個性的な味を出してくれる。このショパンもルービンシュタインに比べると「ショパン味」が薄めで、どっちかといえばシューマンなんかの世界に軸足が

寄っているかもしれない。うまい演奏だとは思うが、どことなく「借り物」っぽい印象が残る。

マルクジンスキーもポーランド生まれ。パデレフスキーに師事したという純粋の「ショパン主義者」だが、ルービンシュタインより二十七歳も若いので、その「ショパン感覚」は今少し現代的なものになっている。左手も「いかにも」という大げさな動きは控えて、その結果、より知的な折り目正しい音楽が紡ぎ出されている。しかしショパンの音はしっかりそこに鳴り響いている。リヒテルのような予期せぬスリルはそこにはないが、そんなものはたぶん目指されていないのだろう。

僕はペルルミュテルの演奏するラヴェルの音楽を愛好しているが、ショパンも同じくらい素晴らしい。なにしろ音が深く、そして内省的だ。他の誰の弾くショパンともひと味違う音楽がそこにある。とくにこの「バラード集」は味わい深い。音楽家にはいろんな齢の重ね方があるけれど、ペルルミュテルのそれはひとつの理想かもしれない。

ハンガリーのピアニスト、ヴァーシャリの演奏は端正ではあるけれど、今となっては聴きどころを失って聞こえる。ホロヴィッツの演奏は迫力満点でスリリングではあるが、僕の耳にはいささか大時代に聞こえる。コンサートでこれを聴いたら「ブラヴォー！」だと思うけど。

6）フォーレ　レクイエム 作品48

アンドレ・クリュイタンス指揮 パリ音楽院管 Angel S35974（1962年）
アンドレ・クリュイタンス指揮 サン・トゥスタッシュ管 日Seraphim EAB-5014（1950年）
ナディア・ブーランジェ指揮 オーケストラと合唱団 EMI 051-16359（1948年）
デイヴィッド・ウィルコックス指揮 ニュー･フィルハーモニア管 Seraphim S-60096（1967年）
エミール・マルタン指揮 サン・トゥスタッシュ管 Disques Charlin（1965年）
エルネスト・アンセルメ指揮 スイス･ロマンド管 London 5321（1955年）

高校生のとき初めて聴いたフォーレの「レクイエム」はクリュイタンスの指揮した六二年盤で、フィッシャー＝ディスカウとロス・アンヘレスの歌唱が比類なく素晴らしく、感動した。何度も繰り返し聴いた。このレコードは多くの人に愛され、ベストセラーになった。今さら僕が月並みな賛辞を並べる必要もあるまい。まさに歴史に残る名演だ。

その十二年前に録音されたクリュイタンスの旧盤を聴いたのは後年になってからだが、「ずいぶん古くさい音だな」というのが最初に抱いた感想だった。しかし聴き返すにつれ徐々に、その素朴さに心を打たれるようになった。六二年盤のように圧倒的な感動を呼ぶわけではないが、そこには小さな世界にしか存在し得ない親密にして貴重な何かがある。独唱者たちも超有名スター歌手とは言えないが、その声には足らざる人間たちの切なる願いが込められているかのようだ。

フランスの高名な作曲家であり指揮者、ナディア・ブーランジェ女史はフォーレの直弟子であり、心のこもった演奏を師に捧げている。SPからの復刻だが、音はびっくりするくらいクリアだ。クリュイタンスの演奏に慣れた耳には、音楽の流れや節回しや各パートのバランスなんかが少なからず「いつもとは違って」聞こえるが、そのぶん逆に新鮮にも聞こえる。まるでひとつの大きな彫像を異なった角度から眺めるみたいに。女史の個性が隅々にまでにじみ出た優れた演奏だ。

デイヴィッド・ウィルコックス指揮英国キングズ・カレッジ合唱団の盤は、文字通りコーラスが主役。合唱団は十六人の少年たちと、十四人の成人男性で構成されている。独唱者も二人とも男性で、ソプラノのパートは昔からの伝統に従って高音男声（トレブル、少年）が受け持つわけだが、この歌唱が不思議に心に迫る。トリニティー教会における録音も明瞭で、クリュイタンス（六二年盤）とはひと味違う清新で魅力的なディスクになっている。

サン・トゥスタッシュはパリの教会で、専属合唱団が有名、マルタンはその指揮者だった。そこに臨時の小編成オーケストラを加えて録音された。いわば手作りみたいな作られ方をした盤だ。独唱者たちも小ぶりだ。しかしそこには散歩の途中に「町の教会を覗いたら、たまたま素敵な音楽が演奏されていた」みたいな親密な空気が漂っている。人目を引く派手さこそないが、じっくり温かな共感を抱ける演奏だ。

アンセルメ盤はそれとは対照的に、シュザンヌ・ダンコとジェラール・スゼーという豪華な独唱陣を揃えている。メジャー・レコード会社（英デッカ）が本腰を入れて用意した顔ぶれというか。独唱者はさすがにうまいが、今ひとつ音楽に馴染まないところがある。人選を間違えたのか、どうしても胸に迫ってこない。

7）ハチャトゥリアン　ヴァイオリン協奏曲 ニ短調

ダヴィッド・オイストラフ(Vn) アラム・ハチャトゥリアン指揮 モスクワ放送管 Angel 40002（1965年）
ドゥヴィ・エルリー(Vn) セルジュ・ボド指揮 セント・ソリ管 Musidisc RC723（1972年）
ルジェロ・リッチ(Vn) アナトール・フィストラーリ指揮 ロンドン・フィル Turnabout 34519（1971年）

レイモンド・チャンドラーの小説『ロング・グッドバイ』に、私立探偵フィリップ・マーロウが夜中の三時に自宅で、このヴァイオリン協奏曲を聴くシーンがある。「ハチャトゥリアンはそれをヴァイオリン協奏曲と称しているようだが、私の耳にはトラクター工場の、ろくでもない緩んだファン・ベルトとしか聞こえなかった」というのが彼の感想（の要約）だ。うまく眠ることができず、虫の居所が悪かったのかもしれないが、とにかくマーロウ氏はこの曲に対してとくに好印象を抱けなかったようだ。

ダヴィッド・オイストラフは作曲者からこの曲を献呈され（彼は作曲にも技術的な面で力を貸した）、一九四〇年にその初演をもおこなっている。おまけにこのレコードでは作曲者自身が伴奏オーケストラを指揮しているのだから、まさに極めつけの顔合わせということになるだろう。そして実際にとても優れた演奏になっている。不協和音的な音が挿入された上昇・下降パッセージがあちこちに出てくるので、それがマーロウ氏の耳には「緩んだファン・ベルト」と聞こえたのかもしれない。しかしフレンドリーな民謡的メロディーが多用されており、決してわかりにくい「現代音楽」ではない。そしてオイストラフのよく歌うヴァイオリンはメリハリも良く、曲の構造をすっきりと明快にして聴き手を飽きさせない。

エルリーはフランスのヴァイオリン奏者、伴奏もフランスのオケだが、意外にもオイストラフに比べるとずっと土着的な音を出している。とくに二楽章で

は、ジプシー・ヴァイオリンを思わせる適度な粗さを含んだ音色でメロディーを切々と歌い上げる。オイストラフが欠点のない優等生的な演奏だとしたら、こちらには少しばかり不良っぽいところがある。ハチャトゥリアンの音楽の持つ八方破れ的な側面をうまく捉えて、興味深い音楽になっている。

ルジェロ・リッチのヴァイオリンは相変わらずよく歌う。艶やかでたおやかな好演だ。オイストラフも美音の人だが、基本的に「正調」から外れることはない。大家としての門構えみたいなものも必要だし、社会主義リアリズムという縛りもいくぶんあるだろう。リッチはそれよりはもっと自由に、個人的に心ゆくまで美音を満喫している。とてもわかりやすく、親しみやすい演奏だ。

マーロウ氏がこの曲を耳にしたのはたぶん一九五〇年代半ば、ラジオの放送だと思うんだけど、いったい誰のヴァイオリン演奏だったのだろう？「ろくでもない緩んだファン・ベルト」ねえ……、それほどひどい音楽じゃないと思うんだけど。

8) モーツァルト　交響曲第41番「ジュピター」ハ長調 K.551

ブルーノ・ワルター指揮 ウィーン・フィル Angel GR-19（1938年）
トマス・ビーチャム指揮 ロイヤル・フィル HMV ALP-1536（1957年）
ペーター・マーク指揮 日本フィル 日本コロムビア MS7006（1963年）
カール・ベーム指揮 ウィーン・フィル 日Gram. 92MG 0651（1975年）BOX

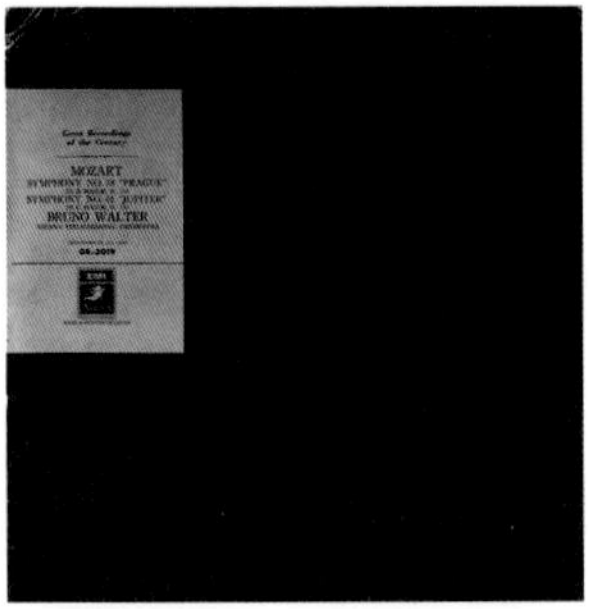

最初にこの曲を聴いたのがＳＰ時代の録音のワルター／ウィーン・フィルだったので、その演奏が僕にとっての定点観測のための基準＝物差しみたいになっている。つまり「あのワルターの演奏に比べると……」みたいな聴き方にどうしてもなってしまうのだ。そういう基準があった方が音楽は判断しやすいということにもなるし、また同時に音楽の聴き方がいくぶん偏ってしまうことになるかもしれない。それだけワルターの演奏が印象に残ったということなのだろうが。

でもそのような（良くも悪くも）ブルーノ・ワルター的な物差しで計っても、このトマス・ビーチャムとペーター・マークの指揮する「ジュピター」はじゅうぶん満足のいくものだった。ビーチャムの演奏はいささか古めかしくはあるけれど、決して大時代的にはなっていない。練れた古典落語みたいな独特の趣のある演奏だ。ジャケットに映った指揮者のにこやかな顔写真からして、「酸いも甘いも噛み分けて……」という粋人《すいじん》っぽい余裕がうかがえる。佳き時代の佳き音楽とでも言うべきか、アバドやラトルにはこういう演奏はできないだろう（まあ、やりたいとも思わないだろうが）。

ペーター・マークは一九一九年生まれのスイスの指揮者、一九六三年に来日し、その折りに日本フィルを指揮してモーツァルトの交響曲を何曲か録音した。うちにあるのは一九七〇年に廉価盤として再発されたものだが、とある古書店の片隅で見つけて百円で買ってきた。まったく嘘みたいな値段だ。内容は？

素晴らしかったです。若き日のマークが渾身の力を込めて日本フィルを指揮し、オーケストラもそれにしっかりと応えている。この時期の日本のオーケストラって、こんなにレベルが高かったんだ、とあらためて感心してしまう。録音も優れている。こういうことがあるから、中古屋巡り（そしてバーゲン箱漁り）はやめられない。ちなみにマークさんはスイスの大学で哲学と神学を専攻したが、のちに禅に傾倒し、一九六二年から翌年にかけて香港で禅僧として修行していたそうだ。たぶんそのときに日本に立ち寄ったのだろう。かなり異色の指揮者というか。

来日して録音といえば、カール・ベーム指揮ウィーン・フィルの「ジュピター」も忘れてはならない。一九七五年のＮＨＫホールでの録音。独得の柔和な緊迫感……聴いていて「ああ、これはウィーン・フィルの音だよな」と一発でわかる。ワルターが一九三〇年代に出していた音とほとんど変わりないんだもの。オーケストラって不思議ですね。演奏はもちろん素晴らしい。完璧なモーツァルトです。

「ベーム先生の指揮だけはどうしてもわからなかった（極意がつかめなかった）ね。あんなに小さな棒の振りで、あれほどオーケストラが大きく動くんだから」というのが、小澤征爾さんが僕に語ってくれたベーム評だ。うーん、そうなのか。

9）リヒアルト・シュトラウス　交響詩「ドン・キホーテ」作品35

クレメンス・クラウス指揮 ウィーン・フィル London LL855（1953年）
ジョージ・セル指揮 クリーヴランド管 日CBS SONY13AC217（1960年）
ヘルベルト・フォン・カラヤン指揮 ベルリン・フィル Gram. 139009（1965年）
（以上、チェロ独奏はすべてピエール・フルニエ）
ヘルベルト・フォン・カラヤン指揮 ベルリン・フィル Angel S-37057（1975年）
ロリン・マゼール指揮 ウィーン・フィル Dec. SXL6367（1964年）

名手フルニエがチェロ独奏を受け持ったＬＰが三種あった。しかしクラウス、セル、カラヤンとそれぞれずいぶん持ち味の違う三人の一流指揮者と共演するって、なんだかすごいですね。オケもウィーン、クリーヴランド、ベルリンと三者三様。

クレメンス・クラウスとのモノラル盤では、冒頭から凜《りん》とした緊張感が漂っている。このときクラウスは六十歳、フルニエは四十七歳。どちらも既に脂の乗りきった演奏家となっているが、音楽的にはクラウスが場を仕切っている。引き締まった隙のない演奏だ。音がきっちり彫り込まれている感じがある。フルニエはそこに何の苦労もなく自然体で（と見える）自らを溶け込ませている。おそらく室内楽で鍛えた「合わせ方」がものをいっているのだろう。なにしろティボー、コルトーとトリオを組んでいたのだから。このレコードを聴いていると、「『ドン・キホーテ』にこれ以上の何が必要だろう？」という気がしてくるほどだ。

セル／クリーヴランドの音色は、クラウス／ウィーンよりもむしろ柔軟で、たおやかだ。フルニエの本来の持ち味に近いかもしれない。共演に違和感が感じられず、両者の音楽が自然に一体になっている。セル／クリーヴランドというと、いかにも冷徹で即物的、正確無比という印象があるのだが、意外にも。チェロ独奏部分に関しては、クラウス盤との差はほとんど感じられない。差はもちろんあるのだろうが、それが感じられないということだ。それくらいさら

りと自然に聴けてしまう。

最後のカラヤン盤。一聴して「音が動かされている」という印象を強く受ける。カラヤン風の音作りが際立っている。クラウス、セルと続けて聴いてくると、その色づけの濃さに驚かされる。残響も（いつもながら）強すぎる。それに引っ張られたというのでもないのだろうが、フルニエの演奏も前よりねちっこくなっているような気がする。もちろんこのへんはあくまで個人的好みの問題なのだろうが、僕としてはやはり前二作の、色付けのない素直な音作りに心を惹かれる。

ちなみにカラヤンがロストロポーヴィチを迎えて一九七五年に録音した「ドン・キホーテ」は、チェロ独奏部分はさすがに流麗かつ重厚だが、オーケストラの「これでもか」感が濃厚で、あまり僕の好みではなかった。ひとつの頂点をきわめた演奏であるとは思うんだけど。

おまけにマゼール盤、チェロはエマニュエル・ブラベッツ（ウィーン・フィルの首席奏者）、一九六〇年代のマゼールは何をやらかすか予測のつかないところがあって、そこが面白かった。ここでも芝居気たっぷりの語り口で「おいおい、ちょっとやり過ぎじゃないか」とは思うけど、でも押しつけがましさはなく、それはそれで愉しい演奏になっている。そしてこのレコード、録音が実に素晴らしい。

10) メンデルスゾーン　ヴァイオリン協奏曲 ホ短調 作品64

ダヴィッド・オイストラフ(Vn) ユージン・オーマンディ指揮 フィラデルフィア管 Col. MJ5085 (1955年)
ルジェロ・リッチ(Vn) ピエリノ・ガンバ指揮 ロンドン響 Dec. LXT5334 (1957年)
ナタン・ミルシテイン(Vn) ウィリアム・スタインバーグ指揮 ピッツバーグ響 Capitol P8243 (1953年)
ヤッシャ・ハイフェッツ(Vn) シャルル・ミュンシュ指揮 ボストン響 Vic. LM-2314 (1959年)
ハイマン・ブレス(Vn) ルネ・レイボヴィッツ指揮 ロイヤル・フィル Reader's Digest (1962年) BOX

メンデルスゾーンのヴァイオリン協奏曲、略して「メンコン」、とびっきりの人気曲でレコードはもう山ほど出ており、うちにもけっこういろんなものがあるが、いちいち取り上げていくとキリがない。ここでは主に一九五〇年代に吹き込まれたものにしぼって聴いていくことにする。

まずは当時のソヴィエト連邦の至宝、ダヴィッド・オイストラフがアメリカを訪問したときにコロムビア・レコードに吹き込んだもの。オイストラフのヴァイオリンはまさに「美声」と呼びたくなるくらい朗々とした美しいもので、それがオーマンディ指揮のフィラデルフィア・サウンドと合わさるわけだから、壮麗の一言。文句のつけようがない。すらすらと聴いて、あとには気持ち良い後味が仄《ほの》かに残る。

オイストラフのあとに聴くと、リッチの演奏は意外なくらい抑制的、内省的に聞こえる。イタリア系アメリカ人だが、ドイツに渡ってクーレンカンプについて勉強しただけあって、ただただ楽器を美しく鳴らすというだけの人ではない。一歩身を引いてしっかりと音を出している。緩徐楽章はとりわけ美しく、英デッカのモノラル録音は艶《つや》っぽい。

ミルシテインはワルター／NY、アバド／ウィーンなんかとも組んで「メンコン」を何度か録音しているが、このスタインバーグ／ピッツバーグと組んだキャピトル盤も、はっと目を惹くような派手さはないが、大げさな要素を心して排した上等な演奏に仕上がっている。終始緊迫感を維持しつつ、いくぶん辛

口ながら歌うべきところはしっかり歌いあげ、ロマン派本流の気品みたいなものを漂わせている。スタインバーグの指揮もしっかりと音楽の骨格を支えている。音質はいくぶん硬め。

名盤の誉れ高い、ハイフェッツとミュンシュ／ボストンが組んだ盤。さすがに華麗な演奏だ。余人には替えがたい華がある。技術も素晴らしい。ここまで割り切ってしっかり歌われると、もう感心して恐れ入るしかない。目力《めぢから》だけで迫真の演技ができる歌舞伎役者のようだ。好みはあるだろうが、ひとつの典型として歴史に残る演奏だろう。

南アフリカ出身のカナダ人ヴァイオリン奏者、ハイマン・ブレス、名前は一般的にほとんど知られていないけど（少なくとも僕はこのレコードを手にするまで、知らなかった）、この「メンコン」の演奏は文句なしに絶品です。リーダーズ・ダイジェスト社が限定で出した通販ボックス商品なので、現在手に入れるのは難しいだろうが、眼前で繰り広げられる美しい音楽に、切れ目なく聴き惚れてしまう。メロディーがしっかり歌われるが、決して感傷に流れない。レイボヴィッツの伴奏も繊細で味わい深い。録音もとびっきり上等。

11）グローフェ　「グランド・キャニオン組曲」

アルトゥーロ・トスカニーニ指揮 NBC響 Vic. LM1004（1945年）

アーサー・フィードラー指揮 ボストン・ポップス Vic. LSC2789（1965年）

エイフィン・フィエルスター指揮 オスロ・フィル Camden CAS468（1958年）

へええ、トスカニーニがグローフェ「大峡谷」を指揮してるんだ――と意外感に打たれたが、レコード・ジャケットが秀逸なので、アメリカの中古屋の棚で目にしてすぐに買ってしまった。値段はなんと一ドル（オリジナル盤、疵《きず》ひとつない）。安すぎる。

演奏は真面目というか、どこまでも真剣な「描写音楽」になっている。オーケストラの楽音でいかにありありと風景を描けるか、というところにトスカニーニの意図は特化している。そういう意味では「展覧会の絵」（ラヴェル編曲）とかレスピーギの「ローマ三部作」とかを演奏するときのアプローチに近接しているかもしれない。即物的でありつつ、優れてカラフル。色彩的ということでは、モノラル録音はやはりハンディになるのだろうが、それでもトスカニーニが引き出してくる音には、きりっと引き締まった鮮やかな色合いが感じ取れる。現代の耳で聴いても古くさいところはなく、通俗性みたいなものはうまくまたぎ越えられている。「峠にて」のロバのパカパカの部分だけは、さすがにちょっと気恥ずかしげに聞こえてしまうが。しかしこの頃のレコード会社って、ジャケットにずいぶん手間とお金をかけたんですね。立派なアートになっている。

一方でステレオ時代になってから吹き込まれたフィードラー盤は、その技術的アドヴァンテージを目いっぱい活用して、見事な大画面を眼前に立ち上げていく。トスカニーニとは違ってあくまでふくよかに、贅沢な広がりをもって。

ドラマティックというよりは、パノラマ的。どことなくディズニーのアニメ映画っぽくはあるけれど……。フィードラーの指揮はさすがにこなれている。オーケストラの音は文句なしに美しい。

一風変わったところでは、エイフィン・フィエルスター指揮オスロ・フィルハーモニック管弦楽団による演奏。どうしてノルウェイのオケの演奏する「大峡谷」のレコードをわざわざ聴かなくちゃいけないのか……と尋ねられても困るが、でもこの演奏、いくぶん素朴なところはあるもののけっこう楽しめる。ステレオ録音も優秀。目を閉じて聴いていると、北欧の楽団の音とは思えない。RCAは廉価レーベル「キャムデン」用に、ヨーロッパのレコード会社から発売権を買い取ったのだろうか。

それからこれはLPではなく、CDで持っているものだけど、ハワード・ハンソン指揮イーストマン・ロチェスター管弦楽団のマーキュリー盤（一九五八年ステレオ）は、演奏録音ともにとても優れている。

グローフェは他にも「ナイアガラ」とか「デス・ヴァレー」とか、様々な描写音楽を作曲したわけだが、一般的に聴かれるのはこの「グランド・キャニオン組曲」くらいだ。ガーシュインの「ラプソディー・イン・ブルー」のオーケストレーションを担当したのもこの人。

12) ベートーヴェン　ヴァイオリン・ソナタ第9番「クロイツェル」イ長調 作品47

ゲオルグ・クーレンカンプ(Vn)＋ヴィルヘルム・ケンプ(Pf) Gram. 17153 (1935年) 10インチ
ヘンリク・シェリング(Vn)＋アルトゥール・ルービンシュタイン(Pf) Vic. LM-2377 (1958年)
アルトゥール・グリュミオー(Vn)＋クララ・ハスキル(Pf) Phil. 05351 (1956年) 10インチ
ユーディ・メニューイン(Vn)＋ルイス・ケントナー(Pf) HMV HMV-10 (1950年代前半)
ヤッシャ・ハイフェッツ(Vn)＋ブルックス・スミス(Pf) Vic. LSC-2577 (1960年)

このクーレンカンプ＋ケンプの10インチ盤はドイツの中古屋で買った。録音は一九三五年五月。ヒトラーが政権を取っていた時代であり、既に多くの音楽家が外国に逃れていた。この二人はナチス・シンパではなかったが、ドイツに留《とど》まって同胞のために演奏を続ける道を選んだ。このときクーレンカンプ三十七歳、ケンプ四十歳、二人とも実に若々しく、潑剌とした音を出している。気品のある、しかし決して偉そうなところに収まってはいない演奏だ。ヴァイオリンとピアノがしなやかに対等に絡み合い、豊かな音楽を紡ぎ上げていく。まるで政治の強風に懸命に抗する植物のように。

基本的に辛口の音を出すシェリングと、基本的に華やかな音を出すルービンシュタインがチームを組んでいる。お互いの不足するところを補い合うわけでもないのだろうが、二人の個性がひとつに合わさると、そこにひとつの説得力が生まれる。この時期ルービンシュタインはシェリングを高く評価していたようだ。しかし録音のせいかシェリングの音が辛口を超えて、いくぶん潤いを欠いて聞こえる。内容が充実しているわりに、今ひとつ素直な感動を呼ばないのはそのせいだろうか。僕としては、シェリングがイングリット・ヘブラーと組んだ後年の演奏の方がより落ち着いて聴ける。

グリュミオーとハスキルが組んだ演奏は自然体そのもので、最初から最後まで実に心地よくすらすらと聴けてしまう。ヴァイオリン、ピアノとも音色はたおやかで美しい。ただこの曲にある種精神的な引っかかりを求める人には、い

ささか物足りないと感じるところがあるかもしれない。僕は個人的にこの演奏、好きだけど。

メニューインがルイス・ケントナー（義弟にあたる）のピアノ伴奏を得て英国で吹き込んだ「クロイツェル」は録音年が不明。まだモノラル時代、おそらく一九五〇年代前半と想像される。メニューインのヴァイオリンはいささか線が細く感じられるが、心のこもった筋の良い演奏だ。ケントナーのピアノもなかなか風格があり、メニューインをしっかりサポートしている。ぎすぎすした攻めの姿勢みたいなものは皆無で、心静かに傾聴できる「クロイツェル」になっている。

ハイフェッツの演奏は、いかにも名人芸的な前のめりアプローチが耳につき、音色もかなり先鋭的で潤いを欠き、正直なところ最後まで聴き通すのがしんどい。ピアノのブルックス・スミスもそういう路線にしっかり調子を合わせている。おそらくこの時期、アメリカを中心にそういう即物的なタイプの演奏が流行ったということもあるのだろうが、今の時点でこれを聴く意味はほとんど見当たらないような気がする。ただ、この盤にカップリングされたバッハの「二つのヴァイオリンのための協奏曲」（エリック・フリードマンと共演、サージェント指揮）は、「同時期に録音されたのに、どうしてこんなにたたずまいが違うのだろう」と首をひねりたくなるくらい、落ち着きのある温かな演奏になっている。

13) ベートーヴェン　ヴァイオリン・ソナタ第5番「春」へ長調 作品24

ジノ・フランチェスカッティ(Vn)＋ロベール・カサドゥシュ(Pf) Col. ML5827 (1961年)
ヤッシャ・ハイフェッツ(Vn)＋エマニュエル・ベイ(Pf) Vic. LM1022 (1947年)
ダヴィッド・オイストラフ(Vn)＋レフ・オボーリン(Pf) 日Phil. 15PCC7-10 (1962年)
アーロン・ロザンド(Vn)＋アイリーン・フリッスラー(Pf) VOX STLP511.340 (1950年代後半)

前項の「クロイツェル」で挙げたシェリング／ルービンシュタインの盤は、この「春」とカップリングされており、両者ともおおむね「クロイツェル」と同じ姿勢でこの曲にも臨んでいるので、僕が抱く感想も前項とだいたい似たものになる（両者とも「クロイツェル」よりいくぶん落ち着いた演奏になってはいるが）。

フランチェスカッティは、前述の両コンビに比べると、より軽やかで柔軟な姿勢で演奏しており、そういう演奏スタイルは、若き日のベートーヴェンが書いたこの溌剌としたヴァイオリン・ソナタに具合良く適合していると思う。速いパッセージでも「急かされている」という印象は受けない。フランチェスカッティとカサドゥシュの二人の名人の奏でる音色は、ドイツ系というよりはフランスよりと言えるかもしれないが、少なくともこの曲に関しては違和感はまったくない。ともに良き音楽を奏することの喜びが素直に伝わってくる。このレコードに収録されている、3番と4番のソナタの演奏も同じように素晴らしい。二人の人柄のせいもあるのだろうが、気張ったところのない、まさに自然体の演奏だ。

ハイフェッツの演奏は「クロイツェル」に比べると遥かに素直で、それほど気負ってもいない。こちらの曲の方がこの人の性に合っているのかもしれない。優れて流麗で、あちこち思わず聴き惚れてしまうのだが、テンポの取り方を始めとして、全体の印象がいささか時代がかっているかなという感はある。テン

ポに関してはピアニストの側にも少なからず責任がありそうだけど。

ピアニストで言えば、義父アドルフ・ブッシュと共に一九三三年にこの曲を吹き込んだルドルフ・ゼルキンの演奏はとても好ましかった。言うべきことは全てきちんと言って、それでいて決してでしゃばらない。室内楽を演奏するときのゼルキンは、ソリストのときとはちょっと違った文脈で、実に味わい深い。LPではないのでジャケット写真は載せなかったが。

オイストラフと組んだオボーリンのピアノは、それとだいたい同じような意味合いにおいて素晴らしい。引くべき時は引き、出るべきところは出る。その呼吸が実に見事だ。オイストラフのヴァイオリンの音色は、いつも僕に美声のテノール歌手の歌うアリアを想起させる。ほとんど生まれつきの美声だ。その表情豊かな美声を、オボーリンの優れて理知的なピアノが支える。このコンビのベートーヴェン・ソナタ「春」も見事だが、比較すると「クロイツェル」の方がより深く心を打つ。とくに二楽章、四つの変奏が続くが、両者ぴたりと息が合って弛《たる》むところがない。

アーロン・ロザンドのヴァイオリンは真っ向から感情を迸《ほとばし》らせる。相方のフリッスラーのピアノも決してそれに負けてはいない。二人合わせて、いかにも攻撃的な「春」と「クロイツェル」だ。対話というよりは、なんだか喧嘩を売っているように聞こえる。そんなわけで両曲を最後まで聴き通すのはちょっと骨だ。

14) ヴォーン・ウィリアムズ 「タリスの主題による幻想曲」

ユージン・オーマンディ指揮 フィラデルフィア管 Col. 72982（1963年）
エイドリアン・ボールト指揮 フィルハーモニック・プロムナード管 West. wl-5270（1953年）
ジョン・バルビローリ指揮 シンフォニア・オブ・ロンドン Angel 36101（1963年）
レオポルド・ストコフスキー指揮 彼の交響楽団 Vic. LM-1739（1952年）
ディミトリ・ミトロプーロス指揮 ニューヨーク・フィル Col. MS-6007（1958年）

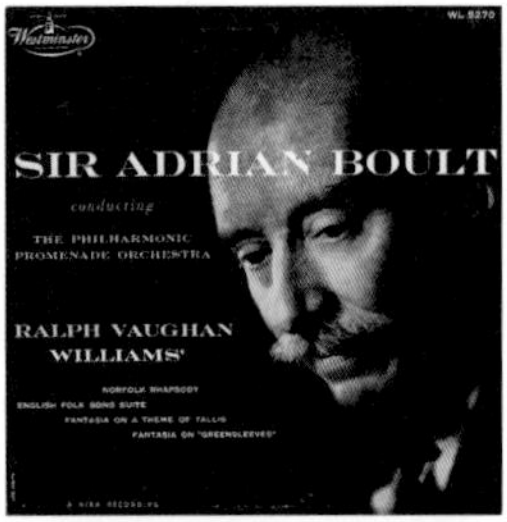

ある曲を最初に優れた演奏で聴いて、それでその曲がすっかり好きになってしまう——音楽ファンならそういう経験をしたことが何度もあるはずだ。僕がこの「タリスの主題による幻想曲」をいちばん最初に聴いたのはユージン・オーマンディの指揮するフィラデルフィア管弦楽団による演奏だった。そしてその音色の美しさにすっかり打たれてしまった。英国風土的な要素はいささか不足しているかもしれないが、聴いているとそんな理屈も何もなく、一幅の古《いにしえ》の名画でも眺めているような安らかな気持ちになれる。音質も豊かで優れている。

英国人指揮者サー・エイドリアン・ボールトの演奏には、オーマンディに比べると、音楽の拠りどころをより明確にしようという意思がうかがえる。音色の美しさだけではなく、ひとつの時代におけるひとつのある場所を浮かび上がらせようという、郷愁に近い自然な想いがそこにはあるようだ。特別な空気が漂っているというか。

サー・ジョン・バルビローリの演奏はいかにも優美でたおやかだ。派手な演出を排し、深く音符を読み込んでいる響きがある。情緒は存分にあるが、それを正しく鎮静させる節度がある。英国人指揮者が奏でる英国のオーケストラの正しいサウンド（みたいなもの）が、ここで余すところ無く堪能できる。併録されている「グリーンスリーヴズによる幻想曲」も同様に素晴らしい。まるでジャケットに使われているターナーの水彩画のように。バルビローリはヴォーン・ウィリアムズに信頼された指揮者で、彼の多くの作品を初演している。

ストコフスキーは腕利き演奏家を揃えた楽団を駆使して、名人芸の極致を現出させる。英国人指揮者たちの描き出すヴォーン・ウィリアムズの英国世界とはずいぶん異なった音楽風景がそこに堂々と繰り広げられる。それは既に英国風土から離れて、ストコフスキー自身の世界に作り変えられてしまっている。その世界を受け入れるか受け入れないか、それは聴く人の気持ちひとつだ。ここに併録されたシェーンベルクの「浄められた夜」についても全く同じことが言える。そこにあるのは優れて個性的で魅力的な音楽だと僕は思うけど。

ミトロプーロスの演奏するこの曲は、ストコフスキーと同様やはり「浄められた夜」とカップリングされたものだが（75P、「浄められた夜」の項のジャケット写真参照）、この指揮者らしく、終始半端ではない緊張感に満ちている。ところどころで不穏な暗雲さえ姿を見せる。ボールトやバルビローリなどの英国人指揮者たちの演奏するものとは、違う曲のようにも聞こえる。まるでシェーンベルクの作った曲のようだ。一聴の価値はある。

15）ヨーゼフ・ハイドン　ピアノ・ソナタ第48番 ハ長調ほか HobXVI/35

宮沢明子（Pf）日本コロムビア OS-7029（1968/69年）

アルトゥール・バルサム（Pf）Washington Record WR430（1958年）

ヴィルヘルム・バックハウス（Pf）London STS15041（1958年）

ジョン・マッケイブ（Pf）London ソナタ全集vol.2（1977年）BOX

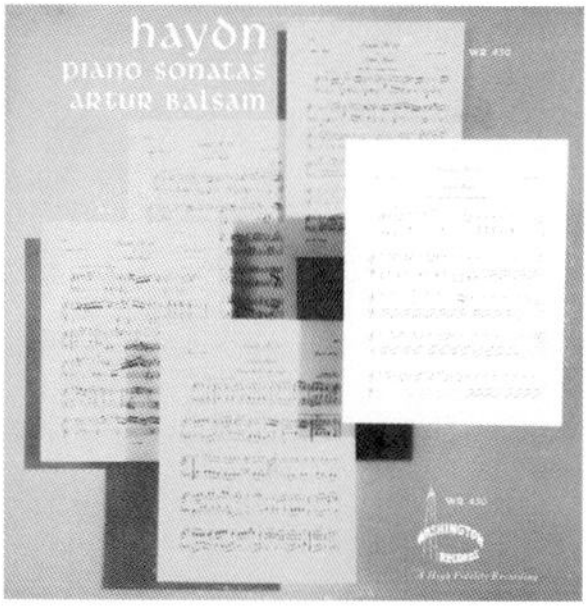

宮沢明子のこのレコードは最近手に入れたものだが、気に入ってよく聴いている。僕はずっと「ハイドンのピアノ・ソナタは基本的に退屈だ」と考えていたのだが（もちろんモーツァルトやベートーヴェンに比べればということだけど）、このレコード——ソナタ全集からの選集盤——を聴いて考えを改めた。このアルバムには、とても聴き応えのある素敵な音楽が揃っている。これまで何となく漠然と耳にしてきた曲がまったく違って新鮮に聞こえる。もちろん宮沢明子さんの演奏が素晴らしいからだ。日本コロムビア第一スタジオで収録されたスタインウェイ・ピアノの音もまことに美しい。

他の手持ちの演奏と聴き比べてみようと思って、48番のソナタを選んだ。レコード棚を漁ってみたら、うちには他に三種類の48番があった。全員男性ピアニストだ。バックハウス、バルサム、マッケイブ（全てＬＰ）。

バルサムはポーランドで生まれ、ドイツでピアニストとしての活動を始めたが、ナチ政権を逃れてアメリカに移住した。主に伴奏者、教育者として定評のあった人だ。ここではソリストとして、テンポをゆっくりとってハイドンのソナタを演奏しているが、正直なところ、聴いていてさっぱり面白くない（そんな面白くもないレコードをどうして持ち続けているのか？　答えるのがむずかしい質問だ）。

巨匠バックハウスはさすがに格調高い演奏をしている。音楽も隙なく立派に聞こえる。でもあまり楽しそうじゃない。聴いている方もそれほど楽しくはな

い。バックハウスはハイドンをこの「ハイドン・リサイタル」というレコード以外にほとんど録音していないが、自分でも「向かないかも」と思っていたのだろうか。

マッケイブは英国人の作曲家／ピアニスト。余分な色づけのない素直な演奏で好感が持てる。ハイドン愛みたいなものもそこには感じられる（この人も宮沢と同じくハイドンのピアノ・ソナタを全曲録音している）。ただ、いささか音楽が収まりすぎていて、ドライブ感が不足している。ドライブ感が不足すると……うーん、音楽は退屈だ。

それから宮沢明子の演奏をもう一度聴き直してみる。

いいなあ、これ。他のピアニストとは、ハイドンの音楽に対するアプローチが全く違っている。この曲が当時のフォルテピアノのために書かれたことをしっかり意識して、そのサウンドを現代ピアノの世界に実に巧妙に、終始ノンレガートで移し替えている。一九六〇年代にそんな「古楽器演奏」に近似した試みがなされ、そしてそれが見事な成果をあげていることに、僕としてはまず感心してしまう。グールドがノンレガートで弾ききったハイドンもユニークだったが、宮沢明子はそれよりずっと以前に、同じことを（もっと正攻法で）やってのけている。その姿勢は高く評価されるべきだろう。

16) ヨーゼフ・ハイドン　交響曲第94番「驚愕」ト長調

トマス・ビーチャム指揮 ロイヤル・フィル Col. ML4453 (1951年)

トマス・ビーチャム指揮 ロイヤル・フィル 日Angel EAC 30031 (1957年)

カルロ・マリア・ジュリーニ指揮 フィルハーモニア管 Angel 35712 (1958年)

カール・リヒター指揮 ベルリン・フィル Gram. 138782 (1961年)

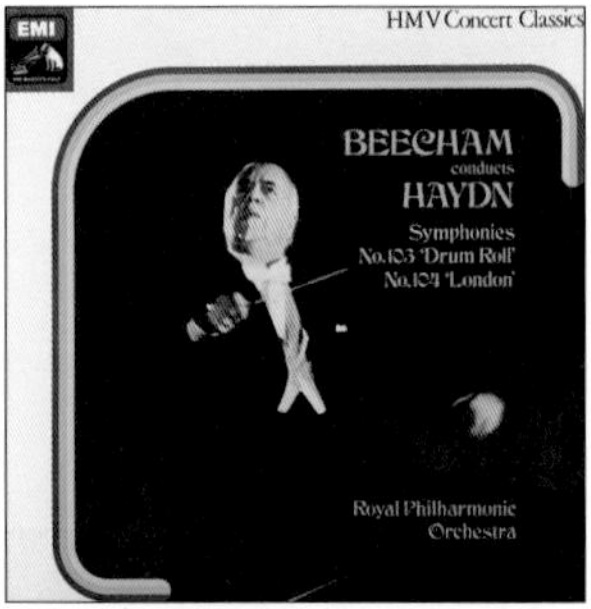

ハイドンの交響曲はたくさんありすぎて、どれがどれだかわからなくなってしまうが、この曲だけはちゃんと覚えていられる。

ビーチャムの盤はモノラル録音だが、六年後、一九五七年に同じロイヤル・フィルハーモニーを振って、ステレオ再録音を行なっている。ジュリーニとリヒターは共にステレオ初期の録音。

当時七十二歳になっていたビーチャムの演奏するハイドンは、一昔前の英国紳士的というか、姿勢正しく端正で抑制がきいている。例の第二楽章の「驚愕（サプライズ）」の部分でも、驚かせ方がいかにも穏健で上品で、これくらいのサプライズなら、ご婦人方は手にしたカップから紅茶をこぼすようなこともまずあるまい。「物足りない」と言う人もいるだろうが、サー・トマス・ビーチャムはそんなことにはお構いなく、とても明るく楽しく、どこまでもマイペースでハイドンを指揮している。こういうハイドン、のどかでいいですね。「人生とはなんだ？」みたいな命題とはとことん無縁の世界だ。ステレオ再録音のエンジェル盤も所有しているが、「日当たりの良いサロン」的演奏スタイルはほとんど変わりない。ただ音がステレオになっているだけ。人はそんなに急には変化しないものだから。

当時四十四歳、男盛りのジュリーニの演奏スタイルは——少なくともビーチャムのそれに比べればということだが——より力強く、ドラマティックだ。第一楽章からしっかり前のめりに攻めてくる。そして第二楽章の「サプライズ」

は、本当に聴き手を驚かせてやろうと目論んでいるみたいだ。誰が紅茶をこぼそうが、何をこぼそうが知ったことではない。演奏自体は文句なく優れていると思う。どちらも英国のオーケストラで、二つ比べて聴くと面白い。英国人とハイドンはやはり相性がいいのだろうか？

カール・リヒターの演奏は相変わらず品格ある立派なものだが（正座して聴きたくなる）、その軸足はハイドンというよりは、モーツァルトの世界にいくらか傾いているかも。おそらくそういう視点からの解釈なのだろう。ビーチャム盤の後でこれを聴くと、なんだか違う成り立ちの音楽みたいに聴こえる。

それ以外のうちにある何枚かの「驚愕」を挙げてみる。オイゲン・ヨッフムがロンドン・フィルを指揮したもの（一九七三年）。これもまた英国のオーケストラ。その演奏は正統的で怠りなく、奥行きも深い。ヨーゼフ・クリップス／ウィーン・フィル（一九五七年）はたおやかで優美なウィーン風のハイドン。どちらもそれぞれに好演だが、今ひとつこれという決め手に欠けるかもしれない。

このような音盤の中からどれか一枚だけをと言われたら、僕はたぶん「春風《しゅんぷう》駘蕩《たいとう》」のビーチャム盤を選ぶだろう（ステレオ、モノラルどちらでもいいが、あえて選べばモノラル）。この悠揚迫らざるたたずまいはけっこう癖になってしまう。

17) ブラームス　間奏曲集 作品116, 117, 118, 119

ヴィルヘルム・ケンプ(Pf) Gram. 138903 SLPM (1963年)
グレン・グールド(Pf) Col. MS6237 (1966年)
ヴァルター・クリーン(Pf) VOX SVBX5430(三枚組) (1969年?)
ヴァン・クライバーン(Pf) Vic. LSC3240 (1971年)

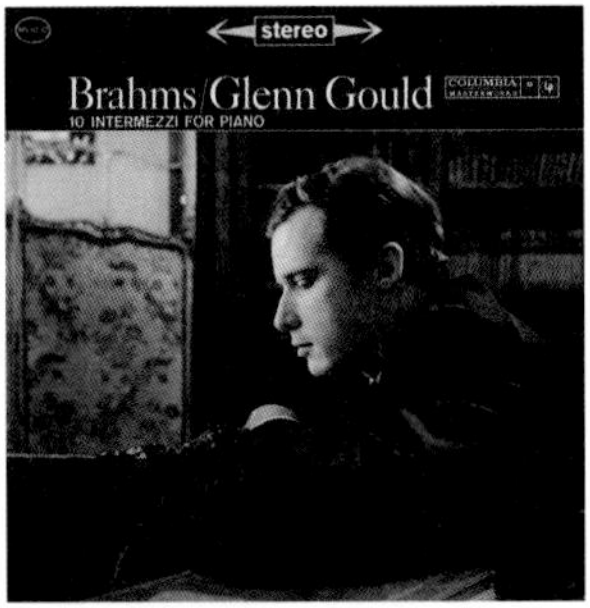

ブラームスの最晩年の傑作、間奏曲集。沈潜しては浮かび上がり、また沈潜してはまた浮かび上がる、世界の片隅のひとつの孤独な魂。年齢を重ねることで初めて本当に理解できてくる音楽があるが、これも間違いなくそのひとつだろう。

賢人ケンプはそのような内省的な音楽に向いたピアニストだという印象が一般的にある。実際、このブラームス曲集における彼の演奏も、理知的で淀みなく、また品格あるものだが、なぜかそこでとどまってしまっているような気がする。ブラームスが曲に託した想いのようなものが聞き手に伝わってこない。この時ケンプは六十八歳、押しも押されもせぬ大家になっているし、そういう心境がもっと細やかに表現できてもいいような気がするのだが。音楽全体に円熟というより、少しやつれたような印象がある。

いっぽう、グールドの演奏は深い。とにかく「深い」という言葉しか思いつけないくらい奥深い世界がそこにある。この時グールドは三十四歳。ピアニストとしてはまだ青年に近い年齢だ。それでいてこの域にまでたどり着けるのだと思うと、驚嘆の念に打たれる。いや、たどり着けるというだけではなく、そのあとまた元に戻っていけるのだ。そこがすごいと思う。それまでのグールドは、モーツァルトやベートーヴェンの解釈で色々物議を醸《かも》してきたが、このブラームスの小曲集においては、まったく、奇をてらっていない。ストレートに心にしみる音楽だ。

一度ＦＭ放送のライブ録音で、素晴らしいモーツァルトの協奏曲を途中から耳にして、「この上品で明晰なピアニストは一体誰だろう？」と思って最後まで聴いていたら、クリーンであったことが判明した。彼のモーツァルトは定評があるが、ブラームスの演奏もそれに劣らずに見事だ。グールドのような異様なまでの深みはないにせよ、ブラームスの、ある意味難渋な音楽世界を、まるで大事な珠《たま》を磨くように丁寧に曇りなく現代に運び込んでいる。「これら小品はコンサート・ホールには向かない。自宅で夕刻に、ひっそり一人で聴くべきものだろう」とこのレコードのライナーノートに書かれているが、まったくそのとおりだ。

ヴァン・クライバーンが一九七一年、三十七歳の時に吹き込んだブラームス曲集。タイトルは「My Favorite Brahms」。その半分ほどが「間奏曲」で占められているが、グールドやクリーンのあとで聴くと、違う曲のようにも聞こえる。音の幅がいやに広々して、響きが明快で、なんだかショパンの曲のような趣がある。優れた品位ある演奏だとは思うし、そういう音楽だと思って聴けば納得できるのだろうが、僕としてはやはり違和感が最後まで拭い去れない。

18〈上〉ショスタコーヴィチ　ピアノ協奏曲第1番 ハ短調 作品35

アンドレ・プレヴィン(Pf) レナード・バーンスタイン指揮 ニューヨーク・フィル Col. MS6392 (1962年)

ショスタコーヴィチ　ピアノ協奏曲第2番 ヘ長調 作品102

レナード・バーンスタイン(Pf) 指揮 ニューヨーク・フィル Col. MS6043 (1958年)

僕がいちばん好きなショスタコーヴィチは、なんといってもこの二曲のピアノ協奏曲だ。どちらも高校時代にレコードを手に入れて、何度も何度も繰り返し聴いた。どれだけ聴いても不思議に飽きなかった。バーンスタインがどこまでも軽快に弾き振りする2番は、当時の日本コロムビアのクーポン券を集めて、ボーナス・レコードとしてもらった。レコードが届いたときは嬉しかったな。B面に入っているラヴェルの協奏曲も好きだった（後になって輸入盤に買い換えたけど）。軽妙にして洒脱。ショスタコーヴィチの音楽独得の「グルーヴ感」がこたえられなかった。2番が作曲されたのは一九五七年なので、発売後比較的すぐに、同時代的にレコーディングされたわけだ。

1番でピアノを弾いているアンドレ・プレヴィンは、それまで「マイ・フェア・レディー」の小粋なジャズ・ピアニストとして、あるいは映画音楽の作曲家としてしか知らなかったんだけど、ピアノ独奏者としてバーンスタイン／NYフィルと組んだこの演奏は実に鋭く潑剌《はつらつ》としており、びっくりするというか、「へえ、この人クラシック音楽もちゃんと弾けるんだ」とすっかり見直してしまった（当時のプレヴィンはまだほとんどクラシック音楽を演奏していなかった）。

しかしこの時代のバーンスタインって何しろ生きが良くて、ヒップで、滅法かっこよかったです。僕の中では、ジョン・F・ケネディーの大統領時代と印象がぴったり重なっている。その二人は「今ここで、何か新しいことが起こり

つつある」というような新鮮な息吹を社会にもたらしてくれた。バーンスタイン、年齢をかさね、本拠地をヨーロッパに移して、ウィーン・フィルなんかを指揮するようになってからは、音楽がいささかこってり収まりすぎたという感があり（あくまで個人的見解）、僕としては今ひとつ心を惹かれなくなった。内容的にはおそらくより深くなったのだろうけど、風通しの良さみたいなものは失われてきたと思う。

　というわけでとりあえずこの二枚のＬＰさえあれば、ショスタコのピアノ協奏曲、あとはもういらないとずっと思っていたのだが、後日いくつか例外が出てきた。ひとつはマルタ・アルゲリッチがハイルブロン・ヴュルテンベルク室内管弦楽団と組んで演奏した「第1番」。これは実に素晴らしいです。僕は一度カーネギー・ホールで、彼女がこの曲を弾くのを聴いたことがあるけど、ちょっと形容しがたいくらい見事な演奏だった（共演はクルト・マズア指揮ＮＹフィル）。それまではアルゲリッチって基本的に「濃ゆい」人だと思っていたのだが、「おお、こんなに淡白に軽くすらりとショスタコーヴィッチを弾いて、しかもこれほどスウィングして、人の心を揺さぶるんだ！」と目からウロコが落ちた。とても素敵な年齢の重ね方をしているピアニストだと思う。

18〈下〉ショスタコーヴィチ　ピアノ協奏曲第1番 ハ短調 作品35

アニー・ダルコ(Pf)、モーリス・アンドレ(Tp) ジャン＝フランソワ・パイヤール指揮 パイヤール室内管 Erato 70477 (1976年)
ジョン・オグドン(Pf)、J・ウィルブラハム(Tp) ネビル・マリナー指揮 アカデミー Argo ZRG 574 (1972年)
ユージン・リスト(Pf) ゲオルグ・ヨッフム指揮 ベルリン歌劇場管 World Record Club 328 (1961年)

ショスタコーヴィチ　ピアノ協奏曲第2番 ヘ長調 作品102

ジョン・オグドン(Pf) ローレンス・フォスター指揮 ロイヤル・フィル EMI ASD2709 (1971年)
ユージン・リスト(Pf) ヴィクトル・デザルツェンス指揮 ウィーン国立歌劇場管 World Record Club 328 (1961年)

ショスタコーヴィチのピアノ協奏曲、バーンスタインの絡んだ二枚のレコードがあればもうそれでいいんじゃないかと書いてしまったんだけど、そんな具合に他の演奏者たちをあっさり打っちゃってしまうのはやはり気になるので、うちにあるあと四枚のレコードを追加紹介します。

中でも面白いのは「1番」の二枚（ダルコとオグドン）で、伴奏オケがなんとパイヤール指揮のパイヤール室内管と、マリナー指揮のアカデミーという、それぞれもともとバロック方面が本業の人たちなのだ。とくにパイヤールの演奏するショスタコーヴィチなんてそうそう聴けるものではないだろう。おまけにトランペットが名手モーリス・アンドレ。「どんなものだろう」と興味半分でレコードを買った。内容は？　フランス訛《なま》りのショスタコーヴィチというか、ずいぶんサロン的な感じの演奏だ。アンドレのトランペットも突き刺すような音ではなく、まろやかで優しい。「うーん、いつものショスタコとちょっとノリが違うなあ（良くも悪くも）」と首を捻ってしまう。もちろんこれはこれでけっこう楽しいんだけど。

ジョン・オグドンは一九六二年の「チャイコフスキー・コンクール」でアシュケナージと優勝を分け合った人で、大柄な新進ピアニストとして将来を嘱望されたが、統合失調症を始めとする様々な病に苦しんで演奏活動を休止し、比較的若くして亡くなった。このショスタコーヴィチも鋭く深いタッチでしっかり弾き抜かれる、緊迫感溢れる演奏だ。マリナーの伴奏も気合いが入っており

違和感はない。トランペットのジョン・ウィルブラハムも本来はバロック方面の人だが、輝かしい音でオグドンの力演にこたえている。

「2番」のオグドンはローレンス・フォスターの指揮するロイヤル・フィルとの共演。この曲におけるオグドンの演奏もまことに素晴らしい。一音一音が確かな説得力を持っているようだ。全体を貫く力強いドライブと、タフなテクニックと、明晰な読解力。アシュケナージが世界を内向きにまとめ上げていく人なら、オグドンは堂々と包み紙を破って外に出ていく人だ。そのぶん結果はリスキーなわけだが、いったんツボにはまると面白い。オグドンのこの二枚のショスタコ演奏は、もっと光を当てられていいのではないか。ちなみにオグドンはどんな難曲でも初見ですらすらと弾けたという。かなり特殊な能力を持った人だったのだろう。

ユージン・リストはアメリカ生まれのピアニスト。一九三四年に弱冠十六歳にしてショスタコーヴィチの1番協奏曲のアメリカ初演をおこない、神童ピアニストとして人気を博した。だから当然ショスタコーヴィチを得意なレパートリーにしているのだろうと思われるが、このレコードで聴く限り（1番と2番がカップリングされている）もうひとつ感心しない。テクニックは相当なものだが、終始せかせかせかしているみたいで内容に深みが感じられない。

19) シェーンベルク 「浄められた夜」作品4 オーケストラ版

ヴィクトル・デザルツェンス指揮 ローザンヌ室内管 West. WST17031（1974年）
ディミトリ・ミトロプーロス指揮 ニューヨーク・フィル Col. MS-6007（1958年）
ヤッシャ・ホーレンシュタイン指揮 南西ドイツ放送響 VOX PL 10.460（1957年）
ズービン・メータ指揮 ロサンジェルス・フィル 日London L18C-5134（1967年）

後期ロマン派の音楽を煮詰められるところまでとことん煮詰めた超濃厚な作品。世紀末のにおいがする。文字通りの世紀末、一八九九年に作曲された。初期のシェーンベルクはワグナーやブラームスの影響を強く受けていた。

元々は弦楽六重奏のための曲だったが、作曲者が弦楽オーケストラのために編曲を行なったので（一九一七年）、様々な編成で演奏されるようになった。オーケストラ版と、オリジナル版の両方で紹介する。

まずはオケ版。デザルツェンスは一九四二年にスイスのローザンヌ室内管弦楽団を創設した人。この楽団は室内管弦楽団の草分けともいうべき存在で、彼自身が三十年にわたってその首席指揮者を務めた。それだけにまとまりのある優れた演奏になっている。おしつけがましいところがなく、流麗かつ綿密、求心的な音楽だ。作品の提示する物語性よりは純粋な音楽性の方を重視しているように聞こえる。

それとは対照的にミトロプーロスは強力なオーケストラから、緊迫した劇的な響きを導き出す。冒頭から、忌まわしい悲劇の到来を予感させるような不吉な描写が途切れなく続く。この指揮者のアプローチは（こう言ってはなんだが、いつも通り）痛切で容赦がない。そしてNYフィルは彼の要求にどこまでも忠実につき従っている。一片の疑いをもさし挟むことなく……。それでも後半になって救いの可能性が徐々に示唆され始めると、その仄《ほの》かな光明はえも言われず美しい。デザルツェンスとミトロプーロス、どちらもそれぞれに自分たちの

音楽作りの旗幟《きし》を鮮明にしている。

　ホーレンシュタインは地味ではあるが、優れた技術を持つ指揮者だ。しかし残念ながらこの曲に関しては、先にあげた両者に比べると、立ち位置が中途半端で、今ひとつ説得力に乏しいように思う。ただしLPにカップリングされている同じ作曲者の「室内交響曲」の方は、よく統率された優れた演奏になっている。

　僕はズービン・メータがロサンジェルス・フィルを指揮したレコードを聴いて、この曲の素晴らしさを最初に知った。彼のこの演奏（作曲者自身による一九四三年の改訂版、コントラバス・パートが改変されている）、は今でも変わることなく素晴らしいと思う。緻密で滑らかで、聴くものを引きずり込んでいくような説得力がそこにはある。当時のメータには、有無を言わせぬ独特の気迫（あるいはなまめかしさ）があったように思う。後年のメータには、そういうどきっとさせられるところが少なくなったように思う。音楽的には成熟したのだろうが。熾烈な音楽ビジネスの世界で、強い個性を持った指揮者が、その個性を保ったまま年齢を重ねて完成形に至るというのは、なかなか難しいものなのかもしれない。

20) シェーンベルク 「浄められた夜」作品4 弦楽六重奏版

厳本真理SQ+2 日Angel EAC-60155（1972年）

ニュー・ウィーンSQ+2 日Phil. SFL-8623（1967年）

マールボロ音楽祭メンバー Col. MS-6244（1960年）

ピエール・ブーレーズ指揮 ドメーヌ・ミュージカル・アンサンブル 日コロムビア OW-7572（1975年）

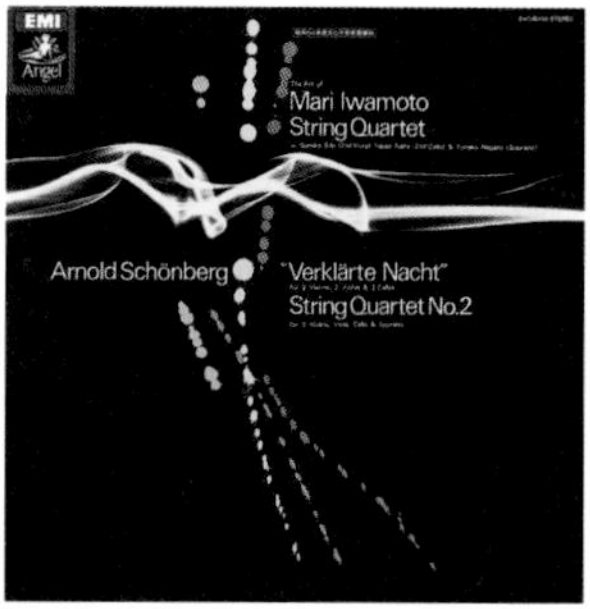

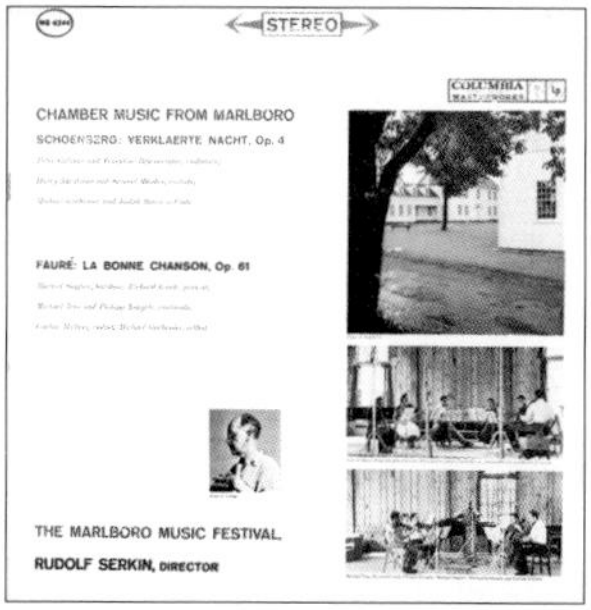

後年になって作られたオーケストラ版に比べると、オリジナルの弦楽六重奏版は劇的効果を出すよりは、どちらかといえば作品の音楽的枠組みをより明確に示す方に傾くようだ。多くのオーケストラ版が音によるカラフルで官能的な世界を立ち上げようとする一方で、オリジナル版の演奏家たちは結果的に、あるいは意図的に、シェーンベルクがこれから向かっていこうとする音楽世界を、構造的に示唆する。現在、実際にはオーケストラ版で演奏される場合の方が多いわけだが。

巌本真理ＳＱ＋２の演奏はどこまでも緊密で正確、理知的なものだ。少数グループの利点を生かして、オーケストラ演奏ではどうしても大まかに、曖昧になってしまう部分を明瞭に照らし出し、音楽的に鋭く掘り下げて行く。そういう意味では聴き応えがあるが、その分この曲のひとつの魅力である叙情的な要素は概ね排除されている。

それに比べるとニュー・ウィーンＳＱ＋２の方は、解像度の追求よりは、総合的に音楽を紡ぎ上げて行く方に神経を使っている。たとえ厳しい状況を与えられても、暗闇の中で光明を迎え入れる余地を静かにこしらえ、蓄えている——そんな印象を受ける演奏だ。そこには優しい深みがある。ウィーンの風味を含んだ練れたシェーンベルクというべきか、僕はこの演奏がかなり気に入っている。ニュー・ウィーンＳＱという団体はそれほど長くは活動しなかったらしく、資料はあまり見当たらない。シェーンベルクの作品をほとんど専門みた

いにしていたようだ。

ルドルフ・ゼルキンが主宰するマールボロ音楽祭に参加した六人の弦楽器奏者たちがグループを組んで、「浄められた夜」に挑んだ。この手の音楽祭は僕も何度か参観したことがあるが、隔離された場所で、日々寝食を共にして練習に励むので、グループの結束は（常設団体とは別の意味で）かなり緊密なものになる。レコーディングの構成メンバーは名前を耳にしたことのない人ばかりで、スター奏者はいないが、演奏のクォリティーはきわめて高い。息も合っている。音楽的解析や演奏スタイルがどうこうというよりは、志を同じくする演奏家が集まって「合わせものをする」喜びの方が優っているかもしれない。そういう雰囲気はなかなか好ましい。室内楽の世界でしか味わえないものだ。

才人ブーレーズの指揮するドメーヌ・ミュージカル・アンサンブルの演奏は、それとはほとんど真逆で、音楽の枠組みにどんどん揺さぶりをかけ、数学の問題を解くみたいに細部を洗い直して行くことで、そこに新たな緊張感を作り出して行く。興味深い演奏だ。なんだか精神分析にかかったみたいで、聴き終えていささかくたびれるけど。

21) ベートーヴェン　ピアノ三重奏曲第7番「大公」変ロ長調 作品97

オイストラフ(Vn)、クヌシェヴィツキ(Vc)、オボーリン(Pf) 日本コロムビア RL3061 (1958年)
ジャン・フルニエ(Vn)、ヤニグロ(Vc)、バドゥラ＝スコダ(Pf) West. WL5131 (1952年)
アイザック・スターン(Vn)、レナード・ローズ(Vc)、ユージン・イストミン(Pf) Col. MS6819 (1965年)
コーガン(Vn)、ロストロポーヴィチ(Vc)、ギレリス(Pf) Monitor MC2010 (1956年)
ルービンシュタイン(Pf)、ハイフェッツ(Vn)、フォイアマン(Vc) Vic. LCT1020 (1941年)

ベートーヴェンのピアノ・トリオの中では最も親しみやすいメロディーを持つ「大公」。レコードは星の数ほどある。

まず「オイストラフ・トリオ」、クヌシェヴィツキ、オボーリンという名手揃いの定評ある演奏だ。定評あるだけあって確かに素晴らしい。ケチのつけようがない。音楽の内容が濃くて、筋もしっかり通っていて、初めから最後まで聞き惚れてしまう。この曲の一つのスタンダードとして、大事に神棚に上げておいてもいいかも。

それに比べると、「フルニエ（弟）トリオ」は演奏がより柔軟で自由だ。パリっ子のフルニエ、ミラノっ子のヤニグロ、ウィーンっ子のバドゥラ＝スコダという都会的三人組でみんな若く、ロシア人のおじさんたちには求めるべくもない洒脱な味を出している。僕は個人的にこの手の音楽は好きだ。世間ではそれほど評価されていないみたいだけど。音がベートーヴェンっぽくない、と批判する人もいるかもしれないが、まあいいじゃないですか。バドゥラ＝スコダの水を得た魚のように生き生きしたピアノがとりわけ印象に残った。

「スターン・トリオ」はアイザック・スターンが、他の二人よりも格が一段階上なので、どうしてもこの人が主役になってしまう。でもここでのスターンの演奏は図抜けて素晴らしいわけではない。イストミンは室内楽を得意とする堅実なピアニストだが、これという面白みに欠ける。文意はよく理解できるし、上手いとは思うのだが、読み終えてとくに心に残らない文章みたいだ。グレ

ン・グールドを入れたらきっと面白かったのになと思うけど（どんなことになったやら?）。三人の中では意外に（というか）レナード・ローズの穏やかなチェロの音が耳に残る。

オイストラフ・トリオからは一世代若い名手を揃えた「コーガン、ロストロポーヴィチ、ギレリス」トリオ。いかにも強力な顔合わせだが、全員が演奏を心から楽しんでいるような親密な雰囲気が全体に漂っていて、好感が持てる。時々ギレリスが張り切りすぎるところが見受けられるけど（ちなみにギレリスはコーガンの義兄にあたる）。

ルービンシュタイン、ハイフェッツ、フォイアマンの通称「百万ドル・トリオ」。戦前の百万ドルだから、たぶん今の一千万ドルくらいにあたるだろう。真珠湾攻撃の直前に吹き込まれたSP盤だから、音はそれほど良くない。でも聴いているうちにそんなことは忘れてしまう。三人の名人が一堂に会しているわけだが、競争心みたいなものはなく、それぞれに最高の音楽を持ち寄って、ぴたっとひとつに合わせている。もちろんみんなとびっきりうまいんだけど、僕はルービンシュタインの歯切れの良い自由自在な演奏にとりわけ心を惹かれる。いかにも自己顕示欲の強そうな人だが、室内楽になると、そういうところがすっと引っ込んで、実に練れたクレバーな演奏を繰り広げる。そしてフォイアマンのチェロが、音楽の基盤を美しくさりげなく支えている。ここには三重奏の魅力があふれている。

22) ドビュッシー　前奏曲集 第1巻

ジャン・カサドゥシュ(Pf) Vic. LSC-2415 (1960年)
フリードリヒ・グルダ(Pf) MPS52.001 (1969年)
ノエル・リー(Pf) 日本コロムビア(Valois原盤) OS-671 (1965年?)
花房晴美(Pf) Ades 14.048 (1983年)
安川加寿子(Pf) 日Vic. SJX-7515 (1971年)

僕が十代のころ、最初にドビュッシーの前奏曲集（の一部）を耳にしたのは、スヴィャトスラフ・リヒテルの「イタリア楽旅」（グラモフォン）の中でだった。「帆」「野を渡る風」「アナカプリの丘」の三曲がそこに収録されていた。どれも切れっ切れの鋭い感覚を持った、印象深い演奏だった。彼が前奏曲集を全曲、きちんと腰を据えてスタジオ録音しなかったのは残念だ。そういえばリヒテルは、リサイタルでの小品を別にして、まとまったドビュッシーの作品集を出していなかったように思う。

「前奏曲集」全曲盤には、名演の誉れ高いレコードが揃っているが（コルトー、ギーゼキング、ミケランジェリ、フランソワ、ベロフなど）、ここではそのような「名盤」の陰に隠れて（おそらく）あまり世間の話題に上りにくいものを取り上げてみる。

ジャン・カサドゥシュはロベール・カサドゥシュの息子で、ピアニストとして将来を嘱望されたが、残念ながら四十五歳の若さで、交通事故で亡くなってしまった。優れた才能を持った音楽家であったことは、このレコードを聴いてもよくわかる。いかにも柔らかな手首、豊かな歌心、都会的な洒脱さ。「アナカプリの丘」の鮮やかな鍵盤の煌《きら》めきは見事だ。そしてそれに続く「雪の上の足跡」の静かな孤独。

グルダはモノラル時代（一九五五年）、英デッカに瑞々しい感覚を湛《たた》えた「前奏曲集」の録音を残しているが、この一九六九年盤はそれとはがらりとス

タイルを変え、自由人グルダらしいきわめて個人的でユニークなアプローチを行なっている。僕は普段はデッカ録音を愛聴しているけれど、このMPS盤も好きだ。例えば「妖精の踊り」や「ミンストレル」における手放しの楽しさは、多分ここでしか味わえないものだ（このレコードは故黒田恭一氏からいただいた）。

ノエル・リーは南京出身の中国系アメリカ人ピアニストで、六〇年代半ばにフランスに渡り、ドビュッシーのスペシャリストとして高く評価された。確かなテクニックと美しい楽音で聴かせる。これといって飛び抜けたところは見当たらないが。

花房晴美はパリを中心に活躍しており、「前奏曲集」は彼女にとって大事なレパートリーになっている。それだけあって、流石に深く踏み込んだ演奏になっている。細かい隅々までしっかりと検証が行われ、終始「攻め」の姿勢が貫かれている。無難なところに逃げようとしない潔さが感じられる。ピアノがよく鳴っており、録音も優秀だ。

高校二年生のときに神戸のコンサートホールで安川加寿子の演奏するドビュッシー「版画」を聴いた。その音がまだ耳に残っている。彼女が「前奏曲集第1巻」を弾くこのレコードでも、それと同じ音が鳴っている。懐かしい。まさにドビュッシーの音だ。正統的でしゃんと姿勢の良い、ドビュッシー特有の音。

23）ベートーヴェン　七重奏曲 変ホ長調 作品20

ウィーン八重奏団メンバー London LL1191（1959年）
バリリSQ＋ウラッハ(Cl)など 日West. SWN 18003（1956年）
アルトゥーロ・トスカニーニ指揮 NBC響 Vic. LM1745（1951年）

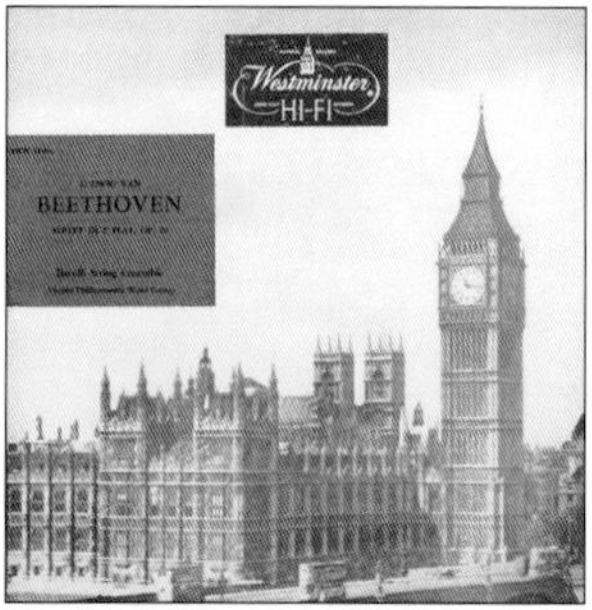

何気なく聴いているとモーツァルトのディヴェルティメントかと思ってしまうような（でもよく聴くと文法が微妙に異なっている）、まさにウィーン情緒の漂う若き日のベートーヴェンの室内楽。当然ながらウィーンの音楽家たちによる演奏がしっくりとくる。難しいことは抜きにして、という雰囲気が心地よい。難しいこと抜きのベートーヴェンもなかなか素敵だ。

しかしこのウィーン八重奏団メンバーのジャケットに描かれたベートーヴェンは、ずいぶん気難しそうな顔をしている。なんだか目がギラギラ光っている。まあ実際に目をギラギラさせながら、こういう曲をさらりと書いていたのかもしれないけど。天才のことはよくわからないから。でもきっとモーツァルトはこんな怖い顔はしなかったんだろうな。この親しみ易い曲は大衆的な人気を呼んだが、ベートーヴェン自身はそのことが不満であったようだ。「こんなのはオレのやりたいことじゃない」みたいに。なんだかたまたま本が売れてしまった純文学の作家みたいだ。

うちにあるレコードは、ボスコフスキー兄弟を中心としてウィーン・フィルのメンバーで組まれたグループと、バリリSQ団員にウィーン・フィルの管楽器メンバーを加えたグループによるものの二枚。録音年もほとんど変わらないし、バリリとウィリー・ボスコフスキーは二人ともウィーン・フィルの当時のコンサートマスターだし、どちらか一方を選ぶというのはかなり難しい作業になる。まあ、両方持っていればいいようなものなんだけど、もしどうしてもど

ちらか一つ選べと言われたら、僕は多分ロンドン盤を選ぶと思う。両者を比較すると、バリリ盤はよりリラックスしており、とぼけたような温かな味わいが全体に漂っている。もちろんそれはそれで悪くないんだけど、ロンドン盤のより引き締まった音色は、若き日のベートーヴェンの「青雲の志」のようなものを聴くものに感じさせる。どちらを取るかは、純粋に聴き手の好みの問題になってしまう。両者の音楽の質に優劣をつけることはできないし、またそんな必要もないから。

弦楽オーケストラ用に編曲された、トスカニーニの演奏する「七重奏曲」は聴けば聴くほど不思議な音楽だ。トスカニーニ自身が編曲したものだが、ノリがどこかしらイタリア・オペラっぽくて、ウィーン情緒なんて求めるべくもない。これを聴くとトスカニーニの音楽の基本がオペラにあることが理解できる。しかしここまで極端に音楽の雰囲気が変わってしまえば、それはそれとして、「ひとつ別の音楽」として楽しめるかもしれない。もしベートーヴェンが聴いたらどんな顔をするだろうか。見たいような見たくないような……。

24）バルトーク　弦楽四重奏曲第４番

ジュリアードSQ Col. D3L-317（1963年）

タートライSQ 日セブンシーズ SH-5285（1960年代半ば）

ノヴァークSQ 日Phil. 13PC-169（1968年）

バルトークの弦楽四重奏曲というと、よほどタフな筋金入りクラシック・ファンでなければ、まず怯《ひる》んでしまうのではないかと思う（個人的推測）。僕だってそんなにしょっちゅうはレコードをターンテーブルに載せない。聴き通すにはそれなりの気力が必要とされるから。何かをしながらついでに聴くというようなわけにはいかない。でも長い人生には「バルトークの弦楽四重奏曲を聴きたい」と思う特別な時間がたまにあり、そういう時にはその音楽がけっこう役に立ってくれる。そしていったんその中に足を踏み入れると、そこにあるのが「うん、そうだよな」と理屈抜きで肌身で共感できる、血も涙もある音楽世界であることが理解できる。

「二十世紀の三大悲劇はヒトラーと原爆と現代音楽だ」と放言した人がいて（誰だっけ？）、「なるほど」と小さく肯きながらも、バルトークの弦楽四重奏曲は聴き応えのある立派な音楽だと僕は思う。

うちにあるバルトークの弦楽四重奏曲全集ＬＰはこの三種類で、どれも一九六〇年代に録音されたものだが、さて、どれを選択するかはなかなか難しいところだ。いずれも熱の入った優れた演奏で、どれを選んでもまず間違いはないのだが、もちろんそれぞれ少しずつ演奏の特質、傾向は異なっている。

三者のうちでいちばん先鋭的なのは、やはりジュリアードＳＱだ。元々現代音楽を得意とするこのカルテット。どこまでも緻密でプラグマティック、四人の呼吸の合わせ方には一瞬の乱れもない。まるで精密機械のようだ。しかしそ

れでいてパッションの温度に不足はない。クォリティー的にも、これはひとつの時代を代表する演奏と言えるだろう。ジュリアードはバルトーク全集を全部で三度録音しているが、これは二度目のものだ。

タートライSQの演奏はジュリアードに比べると、より円満な（非鋭角的な）印象がある。彼らの演奏には、そこにあるメロディーをできるだけ忠実に歌おうという意識が強く感じられる。彼らがハンガリー出身のグループであることも、それに関係しているかもしれない。熱心な民謡採集者としてのバルトークの一面が、ここではより意識されているような気がする。特に三楽章は滴《したた》るような美しさをもって演奏される。

チェコのグループ、ノヴァークSQの演奏スタイルは、ジュリアードとタートライのだいたい中間というところか。音楽の構造を明瞭に視覚化しながらも、ジュリアードよりは「息の詰まらない」音楽を作っていこうという姿勢が見える。特に三楽章のピッチカート演奏はチャーミングだ。

いずれにせよジュリアードの二度目の「全集」が出て、その見事な精度が世の注目を集めた後では、誰しもがその演奏との比較を受けることを意識せずにはいられなかったはずだ。ジュリアードSQのリーダー、ロバート・マンさんの書いたメモワールを読むと、ジュリアードSQがデビューした当時はブダペストSQの全盛期で、彼らが手をつけない「現代もの」をレパートリーの中心にしないことには立ちゆかなかったということだ。

25) チャイコフスキー　ヴァイオリン協奏曲 ニ長調 作品35

イーゴリ・オイストラフ(Vn) ヴィルヘルム・シュヒター指揮 プロアルテ管 Angel 35517 (1959年)
ダヴィッド・オイストラフ(Vn) フランツ・コンヴィチュニー指揮 ドレスデン国立管 Gram. LPE17163 (1954年) 10インチ
レニード・コーガン(Vn) ヴァンデルノート指揮 パリ音楽院管 日コロムビア TD1002 (1957年?)
クリスチャン・フェラス(Vn) コンスタンチン・シルヴェストリ指揮 フィルハーモニア管 EMI ASD278 (1957年) 10インチ
ルジエロ・リッチ(Vn) ジャン・フルネ指揮 オランダ放送管 London 21116 (1961年)
ユージン・フォドア(Vn) エーリッヒ・ラインスドルフ指揮 ニュー・フィルハーモニア管 RCA ARL1-0781 (1974年)

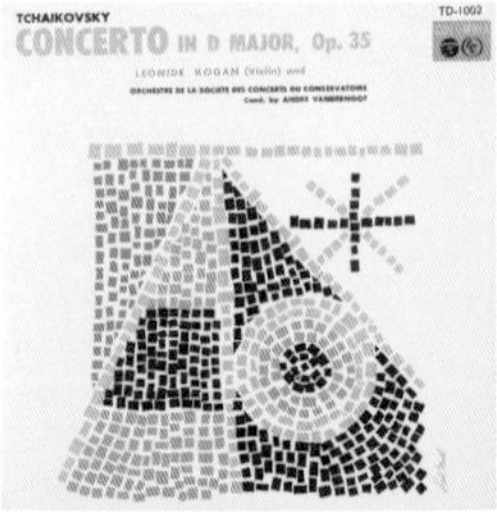

「メンコン」と並んで人気のある「チャイコン」、何よりもメロディーの美しさが際立っている。名盤と呼ばれるものは世に数多くあり、ヴァイオリニストにとっては超激戦区だ。うちにはLPだけで十枚くらい「在庫」があるが、なにせ例によって行き当たりばったりに買い求めたものなので、あれこれ雑多、とりとめがない。

イーゴリ・オイストラフは偉大なヴァイオリン奏者、ダヴィッドの息子だが、お父さんはこの曲を何度も録音しており、まさに十八番《おはこ》にしている。弱冠二十八歳の息子（イーゴリ公）がその王位（ダビデ王）に敢然と挑んだ。伴奏指揮者はN響の常任指揮者も務めたこともあるシュヒター。

うちにあるお父さんの方のLPは、コンヴィチュニーの指揮するドレスデンとの共演（一九五四年録音）。お父さんの音はいつもながらの「美声」、思わずうっとり聴き惚れてしまう。それもただ美しいというだけじゃなくて、ほんのり土の匂いが残っている骨太な美しさだ。それに比べると、息子は今ひとつ書体が細い。納得のいく演奏だし、センスもいいし、テクニックにもまったく問題はないのだが、どうしても父親と比較されてしまうという気の毒な星の下にある。お父さんの演奏には聴くものの顔を、思わずふとほころばせてしまうような人間的な瞬間があるが、息子の演奏には残念ながらまだそういうものが見当たらない。

コーガンは当時まだ三十代半ばで、若々しく艶《つや》やかな弾きっぷりだ。音色は

美しいが、良くも悪くもオイストラフほどの芝居気（ドラマ性）はなく、そのぶんより新世代の匂いがする。フェラスはフランス人ヴァイオリニストらしい隙のないチャーミングな演奏で、終始好感が持てる。リッチはよく歌い、とりわけ緩徐楽章の演奏が素晴らしい。これらのうち、どのレコードを手にとっても外れはないだろう。「これだ！」という頭抜けた要素は見出せないかもしれないが、どれもとくに何かが不足しているわけではなく、それぞれに聴き応えのある演奏だ。

僕が不思議に（というか）気に入っているのが、ハンガリー系アメリカ人、ユージン・フォドアの演奏。一九七四年に二十四歳でチャイコフスキー・コンクールに優勝した勢いを駆って、同年にこの録音をおこなった。美しい音色と確かなテクニック、迷いのない潑剌とした弾きっぷりが印象的だ。それを受けて、ラインスドルフの伴奏も気合いが入っている。ＲＣＡのロンドン録音もシャープだ。このレコードを取り上げて褒める人はほとんど見かけないみたいだけど、僕は楽しんでちょくちょく聴いている。フォドアは「第二のクライバーン」として華々しくデビューを遂げたあと、ドラッグと酒に溺れて身を持ち崩し、世間にほとんど忘れられた状態で二〇一一年に亡くなった。音楽の世界で若くして華々しくデビューした演奏家が、スターとして生き残っていくのはかなりむずかしいことなのだろう。

26）ロッシーニ　歌劇「泥棒かささぎ」序曲

フリッツ・ライナー指揮 シカゴ響 Vic. LSC-2318（1959年）
ジョージ・セル指揮 クリーヴランド管 Col. MS7031（1957年）
トマス・ビーチャム指揮 ロイヤル・フィル Capitol SG-7251（1961年）
イーゴリ・マルケヴィッチ指揮 フランス国立放送管 Angel 35548（1957年）
ランベルト・ガルデッリ指揮 ニュー・フィルハーモニア管 日London SLA6006（1973年）
クラウディオ・アバド指揮 ロンドン響 日Gram. MG-1002（1975年）

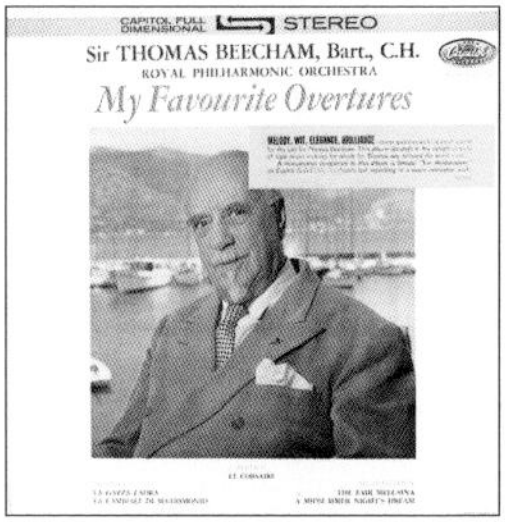

数あるロッシーニの序曲の中で、なぜ「泥棒かささぎ」なのか？　僕はこの序曲が好きで、「ねじまき鳥クロニクル」という小説の章タイトルに使ったこともあるからというのが理由です。このオペラ、上演されることはほとんどなく、序曲のみが有名になっている。

ライナーの指揮するシカゴ交響楽団。この人は「硬派」というか、だいたいいつも眼光鋭く、緊密で勢いのある音楽を聴かせてくれるのだが、ユーモアのセンスや、都会的な洒落っ気に不足するきらいがある。だからロッシーニの序曲のような軽妙さが必要とされる音楽になると、どうしても「力まかせ」みたいな印象を聴く人に与えてしまう。歌劇の序曲は、「さあ、これから幕が上がりますよ。何かが起こりますよ」と観客をわくわくさせるところがないとつまらないのだが。

ジョージ・セルもライナーに劣らず真面目そうな人で、この人が指揮するロッシーニ序曲もやはり予想通りかなり格調の高い、隙のない音楽に仕上がっている。聴いていてなるほどと感心はするけれど、遊び心がないのでもうひとつ盛り上がらない。うまきゃいい、というものではないのだ。こうしてみるとロッシーニの序曲集を振るのは、（一見）簡単そうでなかなかむずかしいものみたいだ。

その点、英国紳士ビーチャムの演奏は肩の力がうまい具合にすっと抜けていて、上品なウィットに富んだ演奏に仕上がっている。なんだか重いコートを脱

ぎ捨てて、軽いケープを羽織ったみたいな感じがする。世慣れた親戚の伯父さんの愉快な話を聞いているみたいでもある。

マルケヴィッチの演奏は軽妙とは言えないまでも、洒落っ気に不足はない。聴いていて楽しくなる。セルやライナーの「正面突破」的な演奏といったいどこがどう違うんだろうと、じっと耳を澄ませてみたのだが、技術的に何が違うのか、僕にはよく聴き取れなかった。でも「音あたり」がぜんぜん違うことだけはよくわかる。指揮者それぞれのキャラクター、と簡単に片付けてしまっていいものか？　ちなみにマルケヴィッチは他のヨーロッパの多くの指揮者と違って、歌劇場で修業した経験を持たない。

本場の（というか）イタリア人指揮者で、イタリア・オペラをほぼ専門とするガルデッリはどうだろう？　さすがにこの人は、序曲というのはそれ自体で完結する単体の作品ではなく、本体の歌劇や歌劇場に結びついて機能しているものだということがしっかり呑み込めている。だから音の成り立ちそのものが、他の人たちとは大いに違っている。聴いていてなんだかわくわくしてくる。イタリアの地方都市の歌劇場で、そのへんのおっさんと一緒にオペラ観劇をしているようなハッピーな気持ちになる。

やはりイタリア人で、オペラの指揮を得意とするアバド。この人の演奏するロッシーニにも、ガルデッリほど顕著ではないにせよ、歌劇場を思わせる確かな響きがある。

27〈上〉ラヴェル　弦楽四重奏曲 ヘ長調

ブダペストSQ Col. ML-4668（1953年）
ブダペストSQ Col. ML-5245（1957年）
ジュリアードSQ Vic. LSC-2413（1962年）
ジュリアードSQ Col. M30650（1970年）

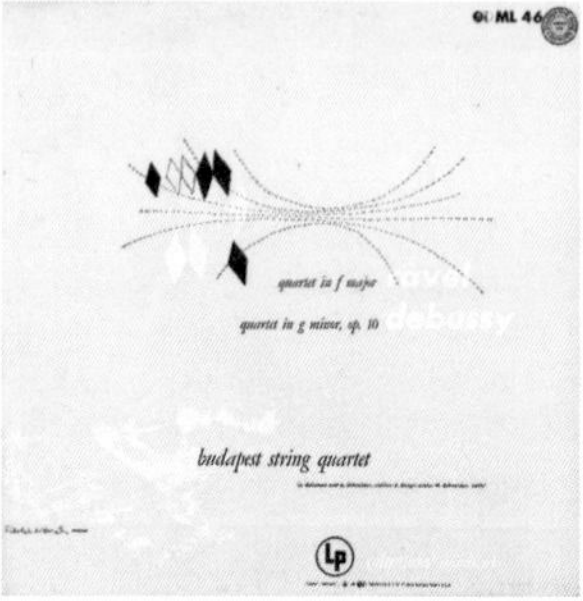

どのLPもドビュッシーの弦楽四重奏曲と裏表になっている。いろんな意味でカップリングするには最適なとりあわせなのだろう。ドビュッシーが一八九三年に発表した弦楽四重奏曲に啓発され、ラヴェルはその十一年後、一九〇四年にこの曲を発表している。似ているところは少なくない。ここではラヴェルの作品を、ブダペストとジュリアードのそれぞれの新旧盤を中心に聴き比べてみる。近代フランスを代表するこの作品を、ベートーヴェンを得意とする東欧系ユダヤ人を中心としたアメリカの二つの弦楽四重奏団が演奏する——いかにもミスマッチみたいに思えるが、結果はどれも甲乙付け難い見事な音楽に仕上がっている。

ブダペストSQの新旧盤の間隔は四年と短いが、これはおそらくレコード会社がステレオ盤で目録を揃えたかったためだろう（うちにあるのはどっちもモノラルだが）。五七年録音の方ばかり「定番」として持ち上げられているようだが、旧盤の出来も全然悪くない。ラヴェルの音楽にとって最も大事な要素の一つは、その独自のソノリティー（音の響き方）だが、演奏の最初の一音からそれがはっきりと聴き取れる。旧盤を聴いてから新盤を聴いてまず思うのは、音の当たりが柔らかくなっていることだ。旧盤はどちらかといえば、贅肉をこそげて音を厳しくクリアにしており、新盤はそこに新たに肉を付け加えていった——ということになるのだろうか。どちらにもそれぞれの美質があるように思える。同じメンバーで四年の差しかないのに、演奏される音楽は微妙に変化

していくものなんだなと感心する。人はそれを「成熟」と呼ぶかもしれない。録音方式の違いもあるのかもしれないが。

六二年のジュリアードＳＱのＲＣＡでの録音は、ブダペストよりも更に音の締め付けが強く聞こえる。シェーンベルクの音楽に近く感じられるくらいに。いかにもこの時代のジュリアードの音だ。その緻密さ、音楽の完成度の高さは尋常ではない。しかし今の時点からすると、こういう音楽のあり方は少し厳しすぎるかもしれない。七〇年盤はＲＣＡ盤より少しばかり表現が柔軟になっているが、全体を支配する濃密な緊張感に変わりはない。ラヴェルのソノリティーはフランス風というよりは、より普遍的な方向に微妙にずらされている。この辺の仕切り方の、ブダペストＳＱとの差がなかなか興味深い。

僕は一度スイスで、ジュリアードＳＱのリーダー、ロバート・マンさんが、このラヴェルの四重奏曲を演奏する学生カルテットを指導する現場に居合わせたことがある。各所でかなり厳しい指摘がなされたが（「素晴らしい演奏だ。しかしそれはラヴェルじゃない」）、批判や忠告を受けて学生たちの演奏が刻々と向上していく様がよくわかった。まるで小説の文章が彫琢されてだんだん生命力を帯びていくみたいに。これは僕にとっても得難い体験だった。

27〈下〉ラヴェル　弦楽四重奏曲 ヘ長調

レーヴェングートSQ Gram. LPM13812（1953年）
パレナンSQ 日Angel EAA 180（1969年）
イタリアSQ Phil. PHS900-154（1965年）
ラサールSQ 日Gram. MG2388（1971年）

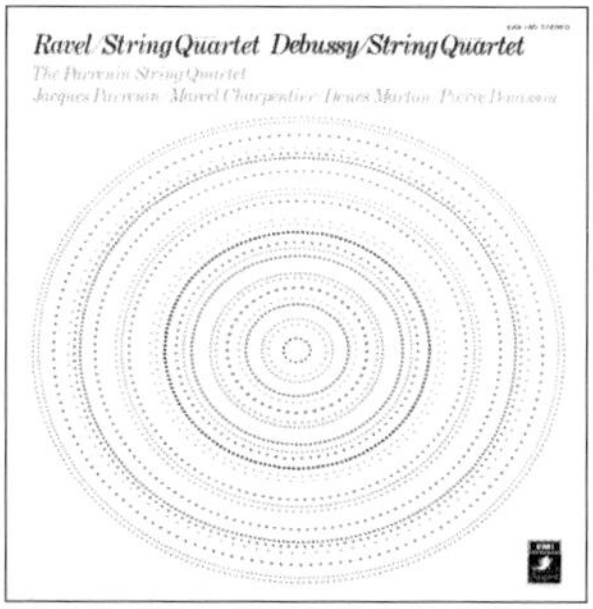

ラヴェル（とドビュッシー）のカルテットの演奏には優れたものが多いので、一回では間に合わず二回に分けます。

レーヴェングートSQは一九三〇年代にフランスで結成された伝統ある四重奏団で、ハイドン、モーツァルトなどの古典作品を主なレパートリーとしたが、ラヴェルのような近代作品においても、眼が覚めるような傑出した音楽世界を現出させている。たおやかで無理がなく、生来の自然なフランスの匂いがする。都会的に洒脱ではあるものの、最終楽章の緊迫感は彼らの演奏がやわなものではないことを明瞭に示している。硬軟の使い分けがなかなか上手だ。このレコードは高く評価され、ACCのディスク大賞を獲得した。

パレナンSQの演奏はその十六年後に吹き込まれた。このフランスの四重奏団は主にシェーンベルクやバルトークといった現代物を得意としており、音色にもそのような先鋭的な香りが嗅ぎ取れる。レーヴェングートSQの演奏に比べると、たおやかなフランス的情緒はいくぶん薄れ、世紀転換（ターン・オブ・ザ・センチュリー）期のヨーロッパの妖しい不安感のようなものがそこはかとなく漂っている。しかしいずれにせよ、レーヴェングートとパレナン、それぞれの色合いこそ違え、どちらも甲乙つけがたくチャーミングな演奏だ。彼らフランス人団体の演奏には、ブダペストやジュリアードにはない何かがある。それはあるいは言語に即して言えば「アクセント」や「訛《なま》り」に近いものかもしれない。もちろんブダペストやジュリアードの音楽それ自体は、申し分なく

優れているのだが。

それからイタリアSQ。カルテット・イタリアーノ。イタリア人とフランス人、地理的にはすぐお隣だし、それほど大きな感性の違いがあるとも思えないんだけど、不思議なくらいメロディーの歌い方が違っている。節回しがもはや別ものっていうか、今にも誰かが立ち上がってアリアを歌い出しそうな、イタリアSQのそんな弁舌滑らかな演奏だ。聴き比べるとそのへんのノリの違いはずいぶん興味深い。ジュリアードSQの研ぎ澄ました演奏の対極にある音楽を探すとしたら、まあこのイタリアSQあたりになるのかなあという気がする。でも四人揃ってとても愉しそうに生き生きと演奏していて、それはなによりというか、聴いていてこちらも心地よく愉しくなってくる。

最後に、アメリカのラサールSQの演奏も是非紹介しておきたい。ラサールは現代音楽を得意とする団体だが、このラヴェルの演奏は実にナチュラルというか、まるで物語の糸をたぐり寄せるようにすらすらと聴けてしまう（たとえば「マ・メール・ロワ」を聴いているみたいに）。そこでは、緊密なソノリティーやカラフルな技巧よりは、音楽の筋書きみたいなものがクリアに前に押し出されている。とても興味深いアプローチだ。

最初にも書いたようにこのラヴェルの弦楽四重奏曲、曲も素晴らしいし、演奏もクォリティーの高いものが多く、どれをとっても不足はないと思う。ただ個性の色合いが少しずつ違うだけ。

28) プーランク 「グローリア」

ジョルジュ・プレートル指揮 フランス国立放送管 EMI ASD2835（1961年）
ロバート・ショウ指揮 RCA Victor響 Vic. LSC2822（1965年）
レナード・バーンスタイン指揮 ニューヨーク・フィル Col. M34551（1976年）

プーランクは最初はお洒落なパリジャン、若き才人として社交界に名を馳せた人だが、年齢を重ねるにつれて派手な生活とは距離を置いてカソリック信仰に深く傾倒するようになり、その作風も目に見えて変化していった。この「グローリア」は最晩年に書き上げた、ソプラノ独唱と合唱団と管弦楽のための宗教音楽だ。

プレートル指揮のレコードは、一九六一年にプーランク自身の監修・立会いのもとに録音された。プーランクの晩年の作品はほとんど全て、プレートルの指揮で初演されている。独唱者はロザンナ・カルテリ。擬古的な引用（に近い）部分と、モダニズムの混合（まぜこぜ）というプーランクの特色をしっかりと呑み込んだ、説得力のある演奏になっている。オーケストラとコーラスと独唱のバランスもうまく取れている。パリの教会で録音されたというが、適度な残響を持ったサウンドも宗教音楽らしく、好ましい。

ロバート・ショウは元々が合唱団指揮者なので、必然的にコーラスが積極的に前面に出てくる。というか、コーラスがほぼ全体の主役になっているわけだが、その合唱隊の統率ぶり（締め上げ）はさすがに見事だ。曖昧さがない。録音はクリアで優秀だが、プレートル盤のような教会的残響はほとんどないので、より現世的な印象が強くなる。音楽を細かく細部まで聴き取るには、プレートル盤よりこちらの方が向いているかもしれない。ソプラノ独唱はサラメー・エンディッチ。

ショウ盤とは対照的に、バーンスタインはあくまでオーケストラ中心に音楽をドライブさせる。コーラスと独唱は、そのきびきびとした音楽の流れにあくまで従属している。そこでは総合的ドラマ性が重視されており、そのぶん宗教性=カソリック的要素は薄らいでいる。薄められ方はおおむねショウ盤と同じ程度だろう。全体的な音楽の作り方に関しては、バーンスタインはやはり見事だ。聴き応えのある生命感あふれた音楽になっている。独唱はジュディス・ブレゲン。

三種三様でそれぞれに良さがあり、ひとつだけと言われて、どれを選ぶかは難しいところだが、僕はやはりいろんな意味で、自然なバランスのとれたプレートル盤を取るだろうと思う。プーランクというのは、いろんな人格と傾向を同時に併せ持った、ややこしい成り立ちの人だったみたいだから、そこには「癒しの均衡」みたいなものがおそらく必要とされるはずだ。プレートルはそのへんの按配を心得ているようだ。その昔からずっとなぜかプーランクの音楽のファンなのだ。

しかしここに挙げた三枚のレコード、ジャケットがすべてステンドグラスというのも、たまたまなんだろうけど、並べてみると面白いです。

29) ブラームス　交響曲第3番 ヘ長調 作品90

セルジュ・クゼヴィツキー指揮 ボストン響 Vic. LM-1025（1949年）
オットー・クレンペラー指揮 フィルハーモニア管 Angel 35545（1957年）
レオポルド・ストコフスキー指揮 ヒューストン響 Everest SDBR-3030（1960年）
エルネスト・アンセルメ指揮 スイス・ロマンド管 London CS-6363（1963年）
イシュトヴァン・ケルテス指揮 ウィーン・フィル 日London K15C-7035（1973年）

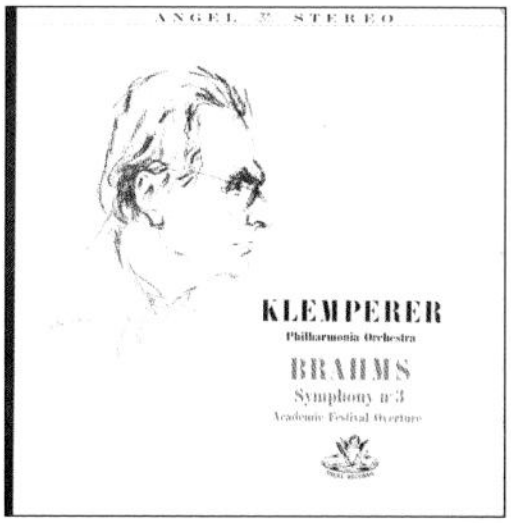

最初にお断りしておきたいのだが、ここに挙げた五枚のディスクはみんなそれぞれに優れた演奏で、どれをとっても不足はないと思う。どれを手にとっても、ブラームスの美しいシンフォニーを心ゆくまで楽しめる。優劣をつけるつもりはない。ただ個人的な感想を述べるだけ。

このラインナップの中では、クゼヴィツキーのレコードがいちばん古い録音になるが、時代を感じさせない音であり、演奏である。余計な小細工はせず、正しい姿勢を終始崩すことなく、筋の通った——そして温かみの感じられる——音楽を作り上げていく。そういう良い意味での「オールド・スクール」性がジワリと伝わってくる。もしこれ一枚しかうちに「ブラ3」がなかったとしても、僕としては特に不満はなかっただろうと思う。ジャケットのシンプルさもとても好ましい。

クレンペラーは実に「正々堂々」という印象のブラームスだ。美しい楷書体というか、とにかく一点一画をおろそかにしない。破綻も弛《たる》みもない優れた演奏だ。しかし温かみ……温かみはもうひとつ感じられないかも。あの有名な第三楽章も決して情緒に流されることなく、顔色ひとつ変えずさらりと上品に通している。まあ学究肌のクレンペラーだから、その辺は針を降ろす前から覚悟の上だが。

ストコフスキーはとても「学究肌」とは言えないようで、相手がバッハだろうが、ベートーヴェンだろうがブラームスだろうが、「知ったことか」と思い

切り好きなことをしている。そういうところで好き嫌いは分かれるのだろうが、少なくともこの「ブラ3」に関しては、彼の仕切りは決して悪くないと僕は思う。サービスは適度なところで抑えて、その上で心地よくメロディーを歌い上げている。もしクレンペラーさんがこのレコードを聴いたらその太い眉をひそめるかもしれないが。

アンセルメのレコードに針を落としてまず思うのは、他のオーケストラのブラームスとは音がずいぶん違っている、ということだ。どことなくフランスの匂いのする音が鳴っている。ブラームス原理主義者みたいな人は、きっとそういうのを良しとしないのだろうが、僕はぜんぜんブラームス原理主義者ではないので、「こういうのがあっても悪くないな」と思ってしまう。もう少しきっぱり突っ切ってほしい、と思う箇所もなくはないけれど。

イシュトヴァン・ケルテスの「ブラ3」(一九七三年録音)は実に素晴らしい演奏だ。何度聴いてもほとんど欠点が見当たらない。ウィーン・フィルの音が実に気持ち良さそうに鳴っている。イスラエルで事故にあって四十三歳の若さで亡くなったため、英デッカから出たこのレコードを含む優れたブラームスの交響曲全集が彼の遺作となった(2番のみが旧録の転用となっている)。アナログの音もとても美しい。

30〈上〉ブラームス　ヴァイオリン協奏曲 ニ長調 作品77

ダヴィッド・オイストラフ(Vn) フランツ・コンヴィチュニー指揮 ドレスデン国立歌劇場管 Gram. 18199 (1954年)
ダヴィッド・オイストラフ(Vn) オットー・クレンペラー指揮 フランス国立放送管 Angel 35836 (1960年)
ユーディ・メニューイン(Vn) ルドルフ・ケンペ指揮 ベルリン・フィル Eterna 8 20 261 (1957年)
ユーディ・メニューイン(Vn) フルトヴェングラー指揮 ルツェルン音楽祭管 Vic. LS2002 (1949年)

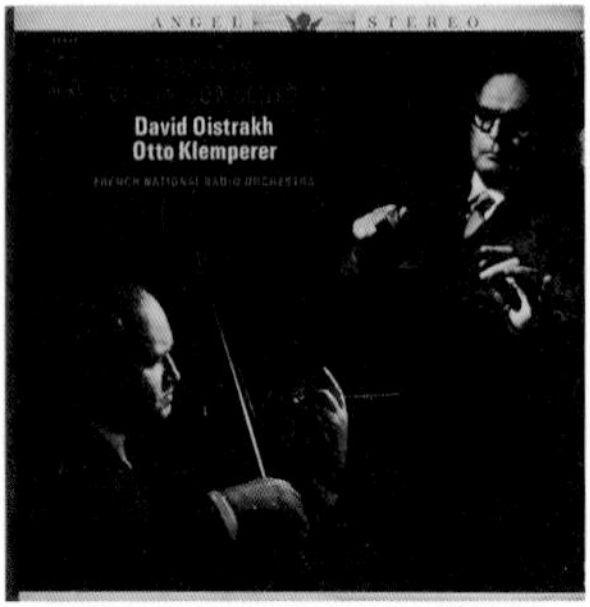

ブラームスのヴァイオリン協奏曲はレコードの数が多いので、二組に分けます。最初はオイストラフとメニューインを二枚ずつ。どちらも美しい音色と、流麗な節回しで知られる、一世を風靡《ふうび》した名人だ。

ダヴィッド・オイストラフは何度もこの曲を吹き込んでいるが、うちにある彼の二枚のレコードを聴くと、「これ以上いったい何をやるんだろう？」という大きな疑問符が頭の上にぽっかり浮かんでしまう。これだけあればもう十分じゃないか、と。それくらいどちらも甲乙つけがたく充実した演奏だ。時の経過もその輝かしさをほとんど損なってはいない。

とはいえ同じオイストラフでも、コンヴィチュニー盤とクレンペラー盤の間には、少なからず違いがある。コンヴィチュニー盤がいかにもドイツ的な音色できっちりまとめられているのに比べて、クレンペラー盤はどちらかといえばフランス寄りに柔軟だ。クレンペラー盤はロシアの独奏者、ドイツの指揮者、フランスのオーケストラという多国籍チームだが、意外なほどオーケストラの語法がものを言っている。特に二楽章のたおやかな音色は美しい。オーケストラによってずいぶん音楽の印象が違ってくるものだ。

コンヴィチュニーの伴奏は率直というか、いくぶん堅苦しいところがあるが、ブレのようなものは皆無だ。揺るがない硬質な地盤のように。オイストラフはその地盤を有効に活用している。そしてもう一方のクレンペラー盤では、彼はオーケストラの微妙な揺れをそれなりに楽しんでいるみたいだ。そのあたりの

違いを味わうのも一興かもしれない。独奏に関してはどちらも同じくらい見事だ。

メニューインは、ケンペとベルリン・フィルという申し分のない伴奏を得て、余裕ある演奏を繰り広げている。モノラル録音の音がこもりがちなのがいくらかマイナス点になるが、美しくもひたむきなブラームスを堪能することができる。オイストラフが常に優等生的な演奏を聴かせるのに比べると、メニューインという人には「脆《もろ》さ」がある。美しさと表裏一体の脆さだ。そのあたりが魅力でもあり、弱点でもある。でもこの「ケンペ盤」では美しさが素直に出ていると思う。淀みのない卓越した演奏だ。繰り返し聴きたくなるし、聴けば聴くほど好きになる。ある場合にはちょっとした脆さも必要になる。

その八年前、一九四九年にメニューインはフルトヴェングラーと組んで、ルツェルン音楽祭でこの曲の録音をおこなっている。フルトヴェングラーは戦後しばらくナチ協力者としてパージされていたが、それも解けてようやく復帰がかなった。ユダヤ人だが彼に対して終始同情的だったメニューインと共に、心を込めてブラームスの協奏曲を演奏している。ヴァイオリンは熱く歌い、オーケストラの音は滋味に溢れている。古い録音なので（これがＲＣＡが初めて制作したＬＰ盤だった）、音はいささか古風だが、記念的な名演奏だ。

30〈下〉ブラームス　ヴァイオリン協奏曲 ニ長調 作品77

アイザック・スターン(Vn) トマス・ビーチャム指揮 ロイヤル・フィル Col. ML4530 (1952年)
ナタン・ミルシテイン(Vn) アナトール・フィストラーリ指揮 フィルハーモニア管 日Capitol CSC5051 (1957年)
ヘンリク・シェリング(Vn) ピエール・モントゥー指揮 ロンドン響 日RCA RCL1053 (1958年)
ウルフ・ヘルシャー(Vn) クラウス・テンシュテット指揮 北ドイツ放送管 Angel DS37798 (1980年)

スターンはその生涯に三度この曲を録音しているが、このビーチャムとの顔合わせが最初のものだ。当時まだ三十歳を過ぎたばかりのスターン、新進気鋭というか、やはり威勢が良い。気風《きっぷ》が良いというか、ストレートに音楽に踏み込んでいく。一九七八年録音の、ズービン・メータ／NYフィルと組んだ演奏（CD）と聴き比べてみたが、まるで別人の演奏のように聞こえた。メータ盤、ちょっとねっとりやり過ぎじゃないか、とくにこの二楽章……とか首をひねってしまうんだけど、でもこれが円熟の境地というものなのか。その新旧ふたつを比べたら、僕はむしろ旧いビーチャム盤の、多少荒削りな率直さに心を惹かれてしまうけど（ビーチャムの伴奏も見事に飾り気がない）。世評の高い、二度目のオーマンディ盤は未聴。聴かなくちゃと思ってはいるんだけど……。

この若いスターンの後で聴くと、既にヴェテランの域にあるミルシテインはさすがにうまい。自由闊達、思うがままに巧みに楽器を操っている。第一楽章のカデンツァはまさしく名人芸で、聴いていて思わず「ほおっ」とため息が出る。オイストラフに比べると、ミルシテインには意外に（というか）「ここぞ」という時に、一歩ぐいと奥に踏み込んでいく男気のようなものがある。円満なオイストラフは一歩手前、寸止めですっと身を引く。男気がうまく作用することもあれば、しないこともある。同じウクライナ、オデッサ出身の二人だが、それぞれにそれぞれの持ち味、芸風がある。ちなみにミルシテインの方が四歳年上。

前二者の伴奏オーケストラ（ビーチャムとフィストラーリ）は特に際だった印象を残さなかったが、ヘンリク・シェリングと組んだピエール・モントゥーは、さすがにオーケストラの存在感を余すところなく示してくれる。ただ合わせるだけの伴奏ではなく、もっと積極的に構造的に音楽に絡んでくる。それでいて決して出しゃばった印象を与えない。まさに協奏曲の正しいあり方がここにある。シェリングは、オイストラフよりはミルシテインに近いタイプの演奏家だ。鋭敏に臆せず音楽に切り込んでいく姿勢があり、それをモントゥーが老獪《ろうかい》に受け止めてうまく着地させるという構造になっている。

他の七枚に比べるとかなり新しい録音になるが（一九八〇年、ディジタル録音）、ヘルシャー／テンシュテット組はブラームス音楽の心優しい側面を、すっきり無理なく描きあげる。最初の一音から、なんだかほっとさせられる。そこにはパセティックなメッセージのようなものはほとんど見当たらない。一楽章の自作カデンツァは楽しく聴かせるし、テンシュテットの指揮も見事だ。あまり話題にならないけれど、こういうべたつかないブラームスもなかなかいいですね。

さて、このこれらのレコードの中から、もし一枚だけ選ばなくてはならないとしたら？　うーん、やはり何のかんの言っても、総合的に優れているオイストラフとクレンペラーの組み合わせになるだろうと思います。いちばん落ち着いて聴けるし、味わいも深い。

31) ベートーヴェン　交響曲第5番「運命」ハ短調 作品67

アルトゥーロ・トスカニーニ指揮 NBC響 日Vic. LS-2011（1938年）
エーリッヒ・クライバー指揮 アムステルダム・コンセルトヘボウ管 英Dec. LXT2851（1953年）
カール・ベーム指揮 ベルリン・フィル 日Gram. LGM-33（1953年）
ホルスト・シュタイン指揮 ロンドン・フィル 日コロムビア JS-37（1963年）
イーゴリ・マルケヴィッチ指揮 ラムルー管 Fontana 894 016(1960年)

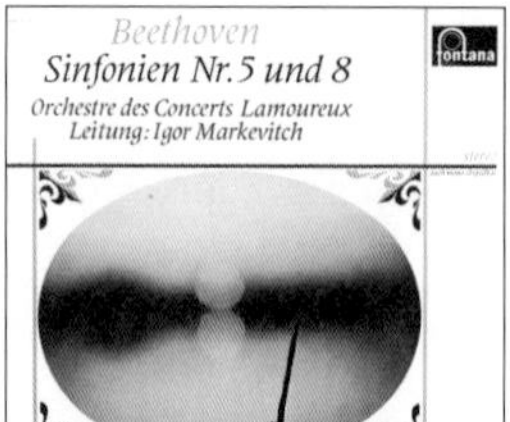

トスカニーニ。一九三八年録音のＳＰ盤の復刻（板起こし）だけど、この演奏はとにかくすごいです。ダダダダーンからして、もう横っ面を思い切り張られているみたいな迫力だ。音はさすがに貧弱だけど、演奏がそんなものを完全に凌駕している。壁に何かを思い切り叩きつけるようなフォルティッシモ、ハードボイルドなまでに正確なテンポ、ほぼ残響なしでむき出しにされた楽器群。喧嘩腰の最終楽章。これを初めて聴かされた当時の人々はきっとひっくり返っただろうな。僕が持っているＬＰは日本盤だけど、何しろジャケットがかっこいいですよね。ダリ風にアレンジされたベートーヴェンのデスマスク。

これが一九五二年の録音（同じオーケストラ）になると、ダダダダーンは今少し「非暴力的」になる。音もいくらか丸くなっている。そのぶん驚きは減るが、迫力そのものはいささかも減じていない。トスカニーニの考えるベートーヴェン世界が有無を言わさず繰り広げられ、人々をしっかり折伏《しゃくぶく》する。

エーリッヒ・クライバーの演奏はより正統的であり、コンセルトヘボウの音は基本的に柔らかだが、音楽の迫力では決してトスカニーニに引けを取らない。とても人間的な、均整のとれた優れた演奏だと思う。また過度な精神性みたいなものも込められていないので、余計な緊張も強いられない。

カール・ベームの録音もクライバーと同じ一九五三年。こちらはベルリン・フィルと組んでいる。この時ベームは五十九歳、まさに脂ののりきった壮年期だ。気合も十分、一楽章はトスカニーニ顔負けの勢いで突進する。知らないで

聴いていたら、ちょっとベームだとは思えないだろう。こういうベームも良い。ジャケットの顔がいかにも若々しい。ベームねえ……という人に聴いてもらいたい。

ホルスト・シュタインの「運命」は「アルシャー（Alshire）・プロダクション」という主にイージーリスニング音楽を制作する英国のマイナーなレコード会社が出したもので、中古屋のバーゲン箱で見つけて百円で買ってきたのだが、これが思いのほか素晴らしい。譜面を隅々までじっくり読み込んで、リハーサルを緻密に辛抱強く重ねて……という音が鳴っている。おそらくシュタインという指揮者の人柄なのだろう。クリシェに堕さない、手抜きなんかとは無縁の、信頼のできる音楽だ。オーケストラも健闘している。褒めている人は見かけないけど。

マルケヴィッチは一九五〇年代の末から、ラムルー管弦楽団を指揮してベートーヴェンの交響曲をまとめて録音した。とても切れの良い演奏で、一気に聴かせる。マルケヴィッチのファンにはこたえられないドライブ感だが、正統的なしっかりためのあるベートーヴェンの音楽とは少し成り立ちが違っているので、好まない人もいるかもしれない。僕は楽しんで聴くことができたけど。とにかく「マルケヴィッチの穴」の中では、ドイツ精神性といったようなものはたいして意味を持たないのだ。

32) ベートーヴェン　交響曲第6番「田園」ヘ長調 作品68

パウル・クレツキ指揮 フランス国立放送管 日コンサートホール M2239（1962年）
カール・ベーム指揮 ウィーン・フィル Gram. 2530142（1971年）
エーリッヒ・クライバー指揮 アムステルダム・コンセルトヘボウ管 London LL-916（1953年）
ブルーノ・ワルター指揮 コロムビア響 日コロムビア DS・193（1958年）

昔ローマで、ジョルジュ・プレートルが聖チェチリア音楽院管弦楽団に客演して「運命」と「田園」を続けて振ったのを聴いて、深く感動したことがある。耳だこになっていたはずの曲が、まったく新鮮なものとして響いていた。「どちらもこんなに素敵な曲だったんだ」と改めて認識させられた。だからプレートルの指揮する「運命」と「田園」を見つけて買わなくちゃなとずっと思っていたんだけど、調べてみたらレコードは出してないんですね。あれほど素晴らしい演奏だったのに。

このクレツキのレコード、バーゲンで買ってきたものだけど（百円だった）、内容は予想以上に素晴らしい。聴いているだけで「癒される」という感覚がある。「田園」みたいな人気曲は、どうしてもスター指揮者のものから売れていくから、クレツキのような地味な人は長くカタログに残してもらえない。でもこういう音楽を聴いていると、とてもホッとした気持ちになれる。まるで鄙《ひな》びた温泉に浸かっているみたいで。

「運命」のベームは五十九歳だったけど、この「田園」を吹き込んだ時のベームは七十七歳。押しも押されもせぬ大家、そしてオーケストラは手兵のウィーン・フィル。でもこの「田園」、正直言ってどこが良いのかさっぱりわからない。何度聴いていてもとくに面白いとは思えないからだ。僕の耳には、ただ型通りにことを進めているとしか聞こえない。世間の評判はすこぶる良いみたいだけど……。

エーリッヒ・クライバーの演奏は気品があって、しかも気張っていないところが素敵だ。オケは「運命」と同じくコンセルトヘボウで、やはりとても真っ当な、説得力のある音楽を送り出している。物腰は穏やかだが、あくまで姿勢正しく、ダレるところは一箇所もない。一本の糸がピンと綺麗に張り詰めている。この二枚のレコードを聴いて、クライバーとコンセルトヘボウの組み合わせがすっかり気に入ってしまった。このコンビ、ベートーヴェンでは他に「英雄」「7番」も出しているみたいだが、これらは未聴。

ワルター／コロムビアの「田園」と言えば昔から名盤として名高いものだが、僕はつい最近まで聴いたことがなかった。で、聴いてみると、やっぱり上手だなあと思う。とても心優しい演奏だ。音楽が表情を持っている。きちんと音楽のツボが押さえられているが、老獪さや小賢《こざか》しさは皆無。演奏に関しては文句のつけようがない。でもオーケストラの音色のことを言えば、僕はコンセルトヘボウの方が深みがあって好きだ。「まだこの先にひとつ奥の部屋がありますよ」みたいな深さだ。

変則的な構成の交響曲であり、長いゆっくりした二楽章（アンダンテ・モルト・モッソ）をどれほどの緊張感を保ってたおやかにコントロールできるか、というのがこの曲を演奏するキモであるような気がする。

33) バルトーク 「中国の不思議な役人」作品19

ヤーノシュ・フェレンチク指揮 ブダペスト響 Qualiton LPX-1106/Gram. 138873（1960年代半ば?）
ジャン・マルティノン指揮 シカゴ響 Vic. LSC 3004（1966年）
小澤征爾指揮 ボストン響 日Gram. MG1098（1975年）

ブダペスト交響楽団の二枚のレコード（ハンガリー・クオリトンと独グラモフォン）、中身は同じ演奏だが、ジャケットがそれぞれに素敵なので両方の写真を出した。ハンガリー盤がオリジナルだが、ドイツ盤には「カンタータ・プロファーナ」がカップリングされている。

「本場物」だからかどうかは知らないが、ブダペスト響の演奏は充実しており、とても説得力がある。大戦間ヨーロッパの不穏な空気を反映したような不思議な寓話が、オーケストラによって見事にトレースされている。特に先鋭的な演奏というのではないが、ドラマの背景にある精神の闇が、樹液のようにじわりと滲み出てくる。フェレンチクは一九四二年にこの曲の初演を指揮した人だけあって、細部がきっちり正確に押さえられている。優れた音楽だ。

マルティノンとシカゴ響はあまり良い関係を築けなかったようで、一九六〇年代に彼が常任指揮者だった期間は短かった。でもこのレコードで聴く限り、オーケストラは素晴らしい音を鳴り響かせている。フェレンチク盤とは別の曲に聞こえるくらい、切り込みの鋭い音楽になっている。それでいて決して冷徹ではない。シカゴの先鋭的な音色と、マルティノンという人の落ち着いた物腰とが程よくうまく嚙み合っている。音楽が過度にきつくなりそうなところで、指揮者がオケをすっと丸めあげる。

小澤征爾／ボストンもカラフルでスリリングな演奏だ。こういうドラマ性のある、手の込んだ譜面の音楽を演奏させると、小澤征爾は本当にうまい。目の

前に情景を易々と立ち上げていく。まるで実際に目にしたことのある風景のように。オーケストラも指揮者の意図に迷いなく応えている。ただ音楽の構成を視覚的にすっきりわかりやすく見せることが優先されていて、この曲の奥にある「心の闇」の不気味さの表現は幾分希薄になっているかもしれない。もちろんそれはこの曲をどこからどう捉えるかという道筋の、優先順位の問題になってくるわけだが。

なお、ブダペスト響はバレエ用全曲版、マルティノンと小澤は組曲版を採用している。全曲版は合唱団が入り、編成もいくらか大きくなる。全曲版ではブーレーズ／NYフィルの演奏も聴き応えがあった。ただこの曲、録音が新しくなるにつれて、楽器のセパレーションがより鮮明になり、音が全体的に先鋭化していく傾向があり、時々そういうのに疲れてしまう。一昔前のいくらか曖昧な音色の方が好ましいという場合だってあると思うんだけど。オーマンディ／フィラデルフィアの古い録音（組曲版）を聴いていてふとそう思った。

34）ヘンデル 「水上の音楽」

エイドリアン・ボールト指揮 フィルハーモニック・プロムナード管 West. 19115（1950年代初期）
ボイド・ニール指揮 ボイド・ニール管 London LL-1128（1954年）
アンタル・ドラティ指揮 ロンドン響 Mercury SR90158（1957年）
ロリン・マゼール指揮 ベルリン放送響 Phil. PHM500-142（1964年）
エドゥアルド・ファン・ベイヌム指揮 コンセルトヘボウ管 Phil. 835 004AY（1959年）

ボールトとニールとベイヌムが全曲版、ドラティとマゼールは組曲版になる（組曲版はどちらも「王宮の花火の音楽」との組み合わせ）。

ボールトが指揮するフィルハーモニック・プロムナード管弦楽団は、実質的にロンドン・フィルと推測される。まさに悠揚迫らざるというか、堂々としたたじろぐことのない平常心の「水上の音楽」。さすがに「サー」の称号を持つ指揮者だけのことはある。午後の日当たりの良いサロンで、紅茶でも飲みながらのんびり聴いていたいです。ヘンデルが作曲したものだが、ここでは完全な英国音楽になっている。録音年は不明だが、ステレオが出現する以前、一九五〇年代初期のものだろう。

ボイド・ニールは一九〇五年生まれ、医師として活動しながら、自分の名を冠したオーケストラを組織し維持したという、変わった経歴の人だ。やはり英国人指揮者、英国のオーケストラによる演奏だが、ボールトよりはもう少し意欲的な演奏を試みている。つまりよりユニヴァーサルな音楽を目指しているということだ。後の時代のバロック音楽演奏——例えばマリナーみたいな——にいくぶん近い雰囲気がある。一九五四年の録音だが、古さはほとんど感じない。英デッカのモノラル録音もクリアだ。モノラルで音楽を聴く喜びみたいなものも、世の中にはちゃんとあるのだ。

ドラティはいかにも一昔前の「大編成オーケストラでヘンデルを」みたいな演奏で、表情が大げさなところがいささか鼻白む。マーキュリーの録音は優秀

なので、オーディオのデモンストレーションみたいな目的にはあるいは相応《ふさわ》しいかもしれないが、今となってはわざわざ聴かなくてもいい演奏ではないか(個人的感想)。

マゼールの演奏もおおむね同じラインだが、時代が少し下っているぶん、まだいくぶん抑制が効いて、仰々しさは薄められている。この時期のマゼール特有の「俺さまが……」的な切れの良さも健在だ。ここ最近の、正論を旗じるしに掲げたような古楽演奏を聴き慣れた耳には今ひとつ馴染まないかもしれないが、「これはこういう成り立ちのものなんだ」と割り切って聴けば、それなりに痛快で楽しめるだろう。正論はときどき疲れる。

ベイヌムがコンセルトヘボウを振るとだいたいそうなるように、落ち着いた、姿勢正しい、身だしなみの良い音楽が繰り広げられる。ヘンデルもベイヌムもずいぶん気持ちよさそうだ。このオーケストラのどこを押したらどのサウンドが出てくるか、指揮者は細部までしっかり熟知しているようだ。慌てず騒がず、ビジネス・アズ・ユージュアル。しかしコンセルトヘボウの音って、気に入った風景画を時間をかけてじっと眺めているみたいな趣《おもむき》があり、けっこう病みつきになりますね。

35）マーラー　交響曲第1番 ニ長調

エイドリアン・ボールト指揮 ロンドン・フィル Everest 3005（1958年）
ウィリアム・スタインバーグ指揮 ピッツバーグ響 Capitol P8224（1953年）
ディミトリ・ミトロプーロス指揮 ミネアポリス響 Col. ML4251（1940年）
パウル・クレツキ指揮 ウィーン・フィル 日Seraphim EAC-30051（1962年）

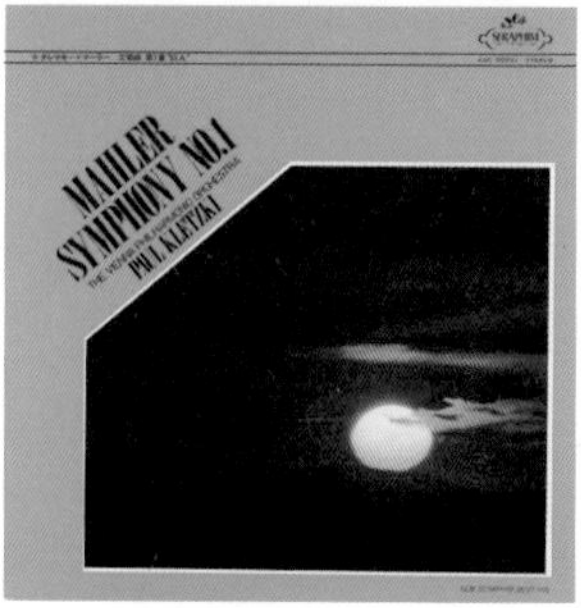

僕がクラシック音楽を聴き始めたのは一九六〇年代半ばのことだが、当時はマーラーとブルックナーは現在のような幅広い人気を誇ってはいなかった。手に入るレコードの数も限られていたし、コンサートで演奏される機会もほとんどなかった。マーラーに関していえば、一般聴衆の間で広く認知され、比較的熱心に聴かれるようになったのは、レナード・バーンスタインが熱意のこもった交響曲全集を完結させたあたり（一九七〇年前後）からではなかっただろうか。

一九六〇年代でもまだそのような状態だったから、一九四〇年代五〇年代においては（ナチスによる演奏禁止の時期もあったが）マーラーの音楽は更にマイナーな（あるいは不人気な）レパートリーであったに違いない。最初の三枚のレコードはそういう「未明」の時代に録音されたマーラーの「第1番」だ。ボールトのことはよくわからないが、スタインバーグとミトロプーロスは当時におけるマーラー音楽の熱心な推進者として知られている。つまり「世に伝道する」という啓蒙的姿勢でもってマーラーを演奏していたわけだ。

従ってこの時代には「マーラーはこういう音でこのように演奏されるものだ」というコンセンサスがまだはっきり出来上がっておらず、そのせいか現代のリスナーの耳には「あれれ？」と不思議な感じに響いてしまう箇所があちこちで見受けられる。古色豊かなというか、無骨なというか……。でもそのへんがなんだか妙に愛おしくて、つい一生懸命耳を傾けてしまうことになる――と

いうのがこれらのレコードだ。どの音盤にも演奏者たちの熱意と愛情はしっかり感じられる。そういった種類の素朴かつピュアな心情は、昨今のスマートなマーラー演奏には見出しにくいものかもしれない。この中ではとくにミトロプーロスの演奏が僕の好みだ。

一九六〇年代に入ってからの、クレツキ／ウィーン・フィルの録音。クレツキも五〇年代から熱心に、地道にマーラーの音楽を取り上げて指揮していた人だ。この演奏は今の耳で聴いても、とくに違和感みたいなものは感じられないと思う。「ずいぶん素直な演奏だな」と思うくらいだろう。でもその素直さに感心して、じっくり聴き入ってしまう。この時代のウィーン・フィルがマーラーを演奏するのはわりに珍しいことだが、さすがに堂に入った音を出している。

若いとき初めてマーラーの交響曲を聴いて、「こんなわけのわからない奇妙な音楽を、いったい誰が好んで聴くのだろう？」と首をひねったことを覚えている。うまく音の流れをつかむことができなかったのだ。それまでまったく耳にしたことのなかった類《たぐい》の音楽だったから。しかしそのうちにすっかりその音に馴染んでしまい、今では熱心に耳を傾けるようになった。不思議なものですね。時代は移り変わる。感覚も移り変わる。

36）ストラヴィンスキー　「火の鳥」組曲

レオポルド・ストコフスキー指揮 彼のオーケストラ Vic. LM-9029（1954年）
ユージン・オーマンディ指揮 フィラデルフィア管 Col. ML4700（1953年）
小澤征爾指揮 ボストン響 Vic. LSC-3167（1969年）
小澤征爾指揮 パリ管 日Angel EAA 80149（1972年）

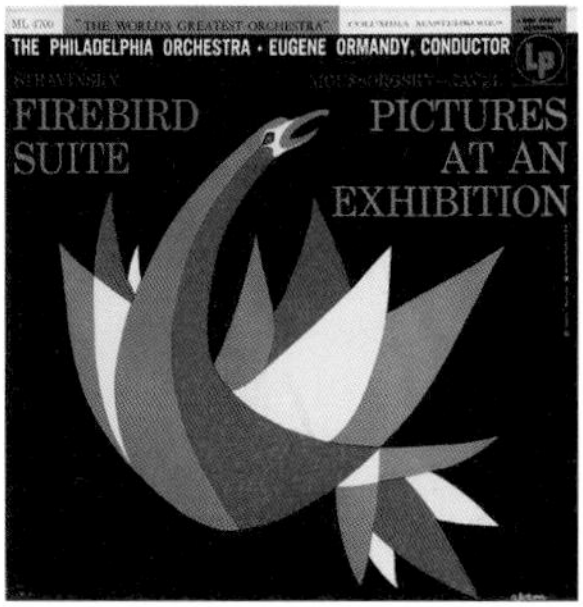

一九一九年版の組曲。僕の愛聴しているこのストコフスキー盤は古いモノラル録音だが、録音の質は驚くほど高い。音色はカラフルでまったりと豊かである。こういうレコードを昼下がりにのんびり聴いていると、ステレオ録音なんて別に発明されなくてもよかったんじゃないか……というような過激な思いさえふと抱いてしまう。

「ストコフスキーと彼の交響楽団」(Leopold Stokowski and his Symphony Orchestra) というのはいかにも胡散臭いネーミングだが、これはストコフスキーがニューヨーク近郊で、録音用にその都度集めた小編成のオーケストラで、クラリネットのデヴィッド・オッペンハイマー、チェロのレナード・ローズ、ヴァイオリンのジョン・コリリアーノ(NYフィルのコンサートマスター)といった、東海岸在住の一流どころの演奏家がずらりと顔を揃え、演奏の質はきわめて高い。ストコフスキーはその名人オケをとても気持ちよさそうに、自前の楽器でも弾くみたいに朗々と鳴らしている。

ストコフスキーの奏でる音には独特の色づけみたいなものがあるし、この人の場合、時として楽譜の勝手な改変が問題にされるが、そういうことをとくに気にかけなければ(大抵のリスナーは言われなければ気がつかないはずだ)、艶やかで色っぽい音を気持ちよく楽しむことができる。ピエール・ブーレーズ盤なんかの厳しく研ぎ澄まされ、隅々まで正確を期した音色とは、まさに対極に位置する「火の鳥」だ。

オーマンディのレコードもストコフスキーとだいたい同じ時期、同じスタイルの演奏だ。とても耳あたりがよく、一九五三年のモノラル録音とは思えないほど音が鮮やかに輝いている。ストコフスキーとの違いは、ストコフスキーの音楽が「物語性」を強く前面に押し出すのに比べて、オーマンディは終始「情景的」であることだろう。どちらも演奏の質はとても高く（古さはほとんど感じさせない）、あとは聴き手の好みの問題になる。

小澤征爾は後になって、パリ管弦楽団を振って「火の鳥」全曲盤を出しているが（一九七二年録音）、その三年前にボストン交響楽団を振って吹き込んだこの組曲版も、生き生きとして清新で、ずいぶん魅力的だ。ただ勢いがあるというだけではなく、楽譜の読みが鋭く、音楽の隅々にまでしっかり目が行き届いている。この人が若い時から既に完成型をとった、魅力的な指揮者であったことがわかる。

パリ管との全曲盤は組曲版と比較すると、音がよりカラフルに繊細になり、流れにより強い「物語性」が生まれている。もちろんオーケストラの音質の違いも大きいだろうが、小澤征爾がその三年の間に演奏家として着々と成熟し、大柄になってきたことをそれは示しているのだろう。でもそれはそれとして、繰り返すようだけど、ボストンの組曲版の「怖いもの知らず」的な若々しさも今となっては捨てがたい。

37〈上〉シューマン　「謝肉祭」作品9

アルフレッド・コルトー（Pf）日Angel HA1010（1928年）
ソロモン（Pf）EMI HQM1077（1952年）
ゲザ・アンダ（Pf）Angel 35247（1955年）
ロベール・カサドゥシュ（Pf）Col. ML4722（1956年）
ヴァルター・ギーゼキング（Pf）Col. ML4722（1954年）

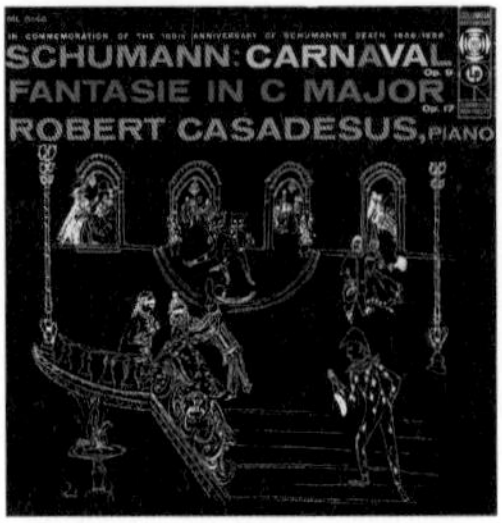

コルトーの弾く「謝肉祭」はまるで話のうまい叔父さんだかおじいさんだかの語る昔話を、冬の炉端で聞いているみたいで、抵抗もなくするするとその世界に引きずり込まれてしまう。現代のピアニストたちの強靱なテクニックに比べると、その演奏はもちろんいくぶん「緩い」のだけど、その「ゆるさ」の中にこそ演奏者の心根がこもっている。こういう温かな心持ちを今の時代に再現するのは、どのようなテクニックをもってしても、なかなか簡単なことではないだろう。

吹き込みは一九二八年とかなり古いが、アナログ・レコードで聴く限り、古さのようなものはほとんど感じさせない。とても大事に演奏され、とても大事に録音された、豊かな温かい音楽としか聞こえない。僕が持っているのは初期日本盤だが音盤はずしりと重く、音質も底力があって素晴らしい。こういう音楽はこれくらいしっかりしたレコード盤で聴きたいと、つくづく実感する。カップリングされた「交響的練習曲」作品13（「謝肉祭」と同時期に作曲された）の演奏も見事だ。

ソロモン、ゲザ・アンダ、カサドゥシュ、ギーゼキング……どれも五〇年代のモノラル録音だ。伝説のピアニスト、ソロモンの演奏はピアノの音色がなにより素晴らしい。コルトーとは対照的に音がきりっと澄み渡って、曖昧さは皆無だ。しかしそれでいて冷たさは感じない。そこにあるのは清潔な潔さと、優れた音楽性と、卓越した技術だ。ただ録音が少しばかり古っぽく感じられるの

が残念。

ゲザ・アンダは僕の贔屓《ひいき》のピアニストの一人だ。この「謝肉祭」は彼のキャリア最初期のものだが、とても上等だ。物語を語るようにしっかりめりはりをつけていく演奏だが、わざとらしいくどさはない。勢いをつけて前のめりになるようなこともない。全体に自然な膨らみのようなものが具《そな》わっており、若々しい才能の迸《ほとばし》りがあちこちに感じとれる。

カサドゥシュの「謝肉祭」はいかにもこの人らしい、優しく落ち着きのある演奏だ。その語り口のうまさはコルトーから多くを引き継いでいるように思える。アンダが語るのは「物語」だが、この人が語るのはあくまで「お話」だ。そのへんが世代の違いになるかもしれない。どちらの音楽もそれぞれに楽しめるけど。

ギーゼキングの「謝肉祭」は冒頭から勢いよく攻め込んでくる。そのアプローチは攻撃的にさえ感じられる。シューマンのこの作品の持つ物語性よりは、どちらかといえばその器楽的特質を明瞭にすることを目指しているように思える。他のピアニストたちとは音楽の組み立て方が少し違っている。優れた演奏だとは思うが、もう少しリラックスした「謝肉祭」が僕の（あくまで）個人的な好みだ。

37〈下〉シューマン　「謝肉祭」作品9

セルゲイ・ラフマニノフ(Pf) Vic. LCT12 (1929年) 10インチ
ヤン・パネンカ(Pf) Supraphon DM5260 (1950年代) 10インチ
パウル・バドゥラ＝スコダ(Pf) West. XWN18490 (1951年)
ジェルジ・シャンドール(Pf) 仏VOX PL11.630 (1959年)

「謝肉祭」の続き。こちらもモノラル時代に吹き込まれた古いレコードばかりだ。数が多くなりすぎるので、ステレオ時代になってからのものはすべて外した。ルービンシュタインの素晴らしい名盤に触れられないのは残念だが。

　コルトーがパリで「謝肉祭」を吹き込んだ翌年、一九二九年にセルゲイ・ラフマニノフがアメリカで、同曲をRCAに録音している。「謝肉祭」はラフマニノフが得意とし、コンサートで最も好んで演奏した曲のひとつというだけあって、さすがに舌を巻くほどうまい――絶妙な素早い指の動き。難しい部分も楽々と弾いている（ように聞こえる）。速いパッセージの部分でも、急《せ》かされているような気持ちにはまったくならない。コンサートで実際に聴いたら、その目覚ましい弾きっぷりにやんやの拍手を送るしかないだろう。技術的なことをいえば、コルトーはラフマニノフにはとてもかなわない。しかしそこには、コルトーの演奏が届けてくれるパーソナルな温かみは、うまく見つからないかもしれない。シューマンの音楽が隠し持つ異様さの影みたいなものも、ほとんど見受けられないかもしれない。もちろんこのへんはどこまでも好みの問題になってしまうんだけど。

　チェコのピアニスト、ヤン・パネンカの10インチ盤（スプラフォン）は、プラハの小さな中古屋で見つけて買ってきたんだけど、この演奏は目が覚めるくらい見事です。知に走らず、情に溺れず……音楽がすくっと立ち上がっている。何度聴いても聴き飽きない。録音年月日は不明だが、おそらく一九五〇年代前

半。チェコ・スプラフォンのまったく愛想のない簡潔なジャケット（曲名さえ書かれていない）も、素朴で微笑ましい。

バドゥラ＝スコダは当時まだ二十三歳、「ウィーン三羽がらす」の一人として売り出し中の若手ピアニストだった。「謝肉祭」の演奏もいかにもこの人らしく、基本的に上品で繊細で穏やか。まだ若いのに落ち着きがあり、中庸の美徳のようなものさえ感じさせる。技術にも問題はない。でもいささか健全すぎるというか、もう少し不良っぽい要素があってもいいのでは……と思ってしまうところもある。

シャンドールは一九一二年生まれの、ハンガリー出身のピアニスト。バルトークと親しく、彼の音楽のスペシャリストでもあった。この人はタッチがクリアで鋭く、切れ味良くシューマンの音楽を捌《さば》いていく。シューマンの音楽のロマン派的性格よりは、その音楽的構築性みたいなものがより強く追求されている。そういう意味で解析的と言えなくはないが、ピースごとにアングルが微妙に変更され、アーティキュレーションが切り替えられ、決して一本調子にはならない。とても興味深い演奏だ。「謝肉祭」が多様な解釈の余地を含んだ音楽であることがよくわかる。併録された「トッカータ」も素晴らしい。

38）ラフマニノフ　ピアノ協奏曲第4番 ト短調 作品40

アルトゥーロ・ベネデッティ・ミケランジェリ(Pf) エットーレ・グラシス指揮 フィルハーモニア管
日Angel ASC-1003 (1957年)

アール・ワイルド(Pf) ヤッシャ・ホーレンシュタイン指揮 ロイヤル・フィル Quintessence PMC7053 (1967年)

生涯で録音したラフマニノフの協奏曲が4番ただ一曲だけ、というかなりへそ曲がりな（としか思えない）巨匠ミケランジェリだが、そのへそ曲がりぶりが本領を発揮して——というか、結果的には驚くほど説得力を持つ、鋭敏きわまりない音楽に仕上っている。ロシア革命のため、亡命を余儀なくされ、ラフマニノフの創造力が神経症のために低下している時期に作られたこともあって、曲自体はそれほど面白いとも思えないのだが（だからそれほど世間的人気もないのだが）、ミケランジェリが気合いを込めて弾くと、だんだん立派な曲に聞こえてくるから不思議だ。意外にというか、聴いていて聴き飽きない。

「これは名曲だ！」と思うところまでは行かないにしても、「これは名演だ！」と思わず叫びたくはなる。とことんとぎ研ぎすまされたピアニズムの極致、音がひとつひとつ結晶化していくように聞こえる。そういう意味ではとにかく「快演」と「怪演」が表裏一体になっている。しかしそんなことができてしまうピアニストというのは、ちょっとすごいかもしれない。少なくとも尋常ではない。録音は一九五七年。初期のステレオ録音だが、音質は輝かしい。エットーレ・グラシスという指揮者は名前を聞いたことがないが、共演するフィルハーモニアの演奏も、ラフマニノフ、ラヴェル共に生き生きしていて素晴らしい。

レコード・ジャケットもいかにも一九五〇年代っぽくて好きです。再発されたこのLPのジャケットはどれもあまり魅力的とは言えなかった。この頃の東芝発売のエンジェル盤（赤盤）って、音がなかなか素敵だ。

でもこの曲に関しては、ピアニスト、アール・ワイルドの演奏も忘れてはならないだろう。「パガニーニの主題による狂詩曲」の項にも書いたように、「リーダーズ・ダイジェスト」の通販ボックスセットのために録音されたものだが、「クインテッセンス」という会社が一九七八年に販売権を獲得して再発した。サン＝サーンスの「2番協奏曲」とカップリングされているので、そちらが聴きたくて購入した。でもこの再発盤の音質も本家「リーダーズ・ダイジェスト」盤に劣らず素晴らしい。

ワイルドは知る人ぞ知るというタイプのアメリカ人ピアニストで、通販の世界ではずいぶん活躍していたみたいだ。強靱なテクニックを具えた筋の良いピアニストで、プロフェッショナルというか、何を弾いても水準を軽くクリアした演奏を聴かせてくれる。その中ではアーサー・フィードラーと共に録音した「ラプソディー・イン・ブルー」がいちばん有名だが、この「ラフ4」もなかなか素晴らしい出来だ。ミケランジェリのような「切れっ切れ」の演奏ではないが、いかにもラフマニノフらしい「優しい哀しみ」をそこかしこに漂わせた好演だ。マーラーのスペシャリストとして有名な硬骨漢ホーレンシュタインの指揮も見事。このレコードをどこかで安く見かけたら、買っておいて損はないと思う。サン＝サーンスの協奏曲も立派な演奏です。

39) ヴィヴァルディ　ヴィオラ・ダモーレのための協奏曲集他

ウォルター・トランプラー(Vd) アルベルト・リジー指揮 カメラータ・バリローチェ Vic. LSC-7065 (1969年?)
ギュンター・レメン(Vd) ジャン＝フランソワ・パイヤール指揮 パイヤール室内管 日Erato E-1039 (1960年)
シャーマン・ウォルト(バスーン) ジンブラー・シンフォニエッタ Vic. LSC-2353 (1959年)

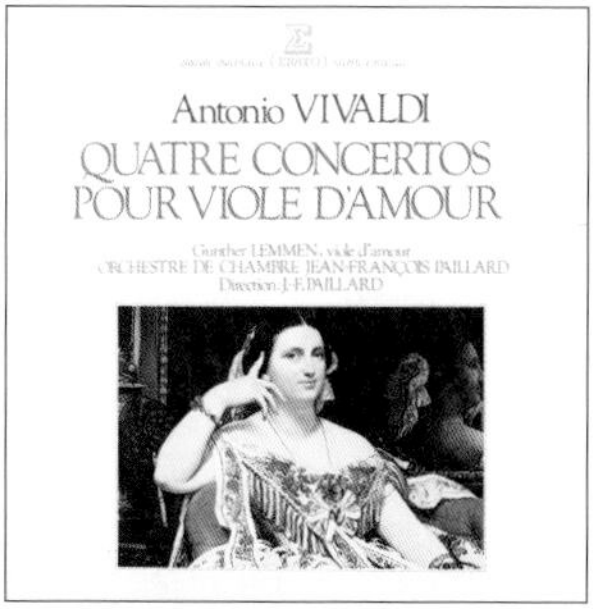

ヴィヴァルディは実に様々な楽器のために協奏曲を書き残しており、その数があまりに多くて、「四季」以外の作品はどれがどれだか見分けがつかなくて困ってしまうのだが、ヴィオラ・ダモーレという珍しい楽器のために書かれた協奏曲を集めたレコードを二枚。

ウォルター・トランプラーはブダペストSQなどとよく共演している、名高いヴィオラ奏者だが、ここでは珍しくヴィオラ・ダモーレを演奏している。ジャケットの写真で見ると、大きさはだいたいヴィオラくらいだが、弦が12本から14本もついている。半分がガット弦であと半分が金属弦、それらが共鳴し合うようにできている。実物を見たことがないのでよくわからないけど、扱うのがなかなか大変そうな楽器だ。しかし深くロマンチックな音が出るので「愛のヴィオール」と呼ばれている。「夜の静けさにはとくに魅力的な音だ」とレオポルド・モーツァルトは自著に記している。最近でこそ古楽ブームのおかげで、いろんな演奏者のヴィオラ・ダモーレ協奏曲集が比較的簡単に入手できるようになったが、一九七〇年くらいまではほとんど演奏される機会のない珍しいレパートリーにとどまっていた。

パイヤール室内の演奏するヴィヴァルディは、いかにも一九六〇年代のパイヤールらしく、明るく軽くふくよかに演奏されている。パイヤールのバロック音楽は、カール・リヒターなんかの演奏様式とはまさに対極にある演奏だった。アンチテーゼというべきか。こういうのって、今聴くと「懐かしいなあ」とい

う気がする。ギュンター・レメンという奏者のことは知らないが、全体の音の中に溶け込むソツのない滑らかな演奏を行なっている。

それに比べると、トランプラーのバックを務めるカメラータ・バリローチェという楽団は、音色がかなりイタリア寄りだ。こちらの方がヴィヴァルディっぽいかもしれない。トランプラーはくっきりとした美しい音を出している。そして闊達に歌っている。現代の一般的なヴィヴァルディ演奏とは、歌い回し方がいくぶん異なっているかもしれないけれど。

いずれにせよ、一九六〇年代のバロック音楽演奏の雰囲気をじっくり楽しめた二枚のディスクだった。たまにはこういうのもいいなあ。今どきの古楽って、続けて聴いていると、正論すぎるというか、ちょっと疲れませんか？　べつに責めるつもりはないけど。

ついでにというか、あまりポピュラーではない楽器のお仲間として、ヴィヴァルディ「バスーンのための協奏曲集」もあげておく。ボストン交響楽団のメンバーが集まって作ったアルバムで、これもとても楽しい。シャーマン・ウォルトは優れたバスーン奏者で、一九八九年に交通事故で亡くなったとき、小澤征爾さんが心のこもった弔辞を書いた。

40〈上〉ベートーヴェン　弦楽四重奏曲第14番 嬰ハ短調 作品131

ジュリアードSQ 日Vic. SHP-2152（1960年）
ブダペストSQ 日コロムビア CSS-50（1960年前後）BOX
ハリウッドSQ Capitol PER-8394（1957年）BOX

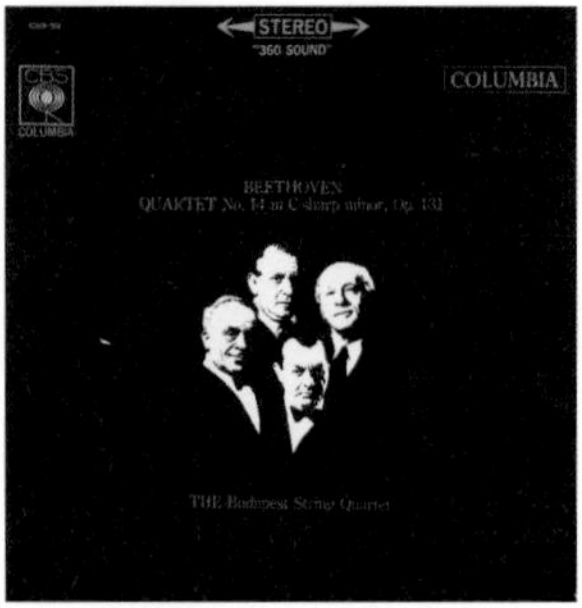

二回に分けてやります。最初はアメリカ本籍のグループが三つ。

ジュリアードSQは一九六〇年代後半にコロムビアでベートーヴェンの四重奏曲全集を完成させているが、これはそれ以前にRCAのために吹き込んだもの。コロムビア一筋のジュリアードSQがどうしてこの時期だけRCAに移籍したのかは不明だが、結果的には同じコロムビアのブダペストSQとのレパートリー・バッティングは避けられた。いずれにせよ僕はRCAに吹き込んだ一連のジュリアードの演奏がけっこう好きで、この作品131も愛好している。コロムビアの演奏とはいくぶん雰囲気が違う。なんだか「ジュリアード臭くない」と言ったら叱られるだろうか。でもどこかゆとりのある空気がここには漂っている。諧謔の要素さえ見受けられる。ベートーヴェンの後期のカルテットというと、いかにも敷居が高そうなのだが、この演奏にはそういう気張った雰囲気は希薄だ。

ブダペストSQはジュリアードとほぼ同時期にこの曲を吹き込んでいるが、彼らの演奏スタイルはジュリアードとは明らかに異なっている。ずっと正統的で、ベートーヴェン的だ。腰が据わって、ぶれるところがない。四人の演奏者の音の結びつきは極めて濃密で、それが緩むことがない。これは一つの規範になるべき優れた演奏なのだろうと思う。しかしこの緊張感はなんだろう? 聴いていて、リラックスできる瞬間がほとんどない。まさに極北のベートーヴェンだ。

ハリウッドSQが、ベートーヴェンの後期四重奏曲を演奏した四枚組LPのボックスを、アメリカの中古屋でとても安く買った。持って帰ってきて聴いたら、内容も思いの外素晴らしかったので嬉しかった。これはハリウッドの映画スタジオで生活の資を得ていた四人の優れた弦楽器奏者たちが集まってできたグループで、リーダーは指揮者レナード・スラットキンの父親、フェリックス・スラットキン。当時、西海岸で活躍する数少ない弦楽四重奏団のひとつだった（本業に縛られていたので演奏旅行がほとんどできず、そのために知名度は今ひとつ上がらなかったが）。

このハリウッドSQのレコードを、ブダペストSQの後で聴くと、とてもホッとした気持ちになれる。映画スタジオで生活のための賃仕事をした後、あるいはキャピトル・レコードの録音スタジオでフランク・シナトラの伴奏をつとめた後、気心の知れた仲間たちが集まって、共にベートーヴェンを演奏する喜び――そんな雰囲気が色濃く漂っている。そういう心愉しいベートーヴェンがあってもいいだろう。ちなみにシナトラとハリウッドSQが共演した曲は「Close to You」というLPに収められている。

40〈下〉ベートーヴェン　弦楽四重奏曲第14番 嬰ハ短調 作品131

ケッケルトSQ Gram. 18187 LPM（1954年）

プラハ・ヴラフSQ Supraphon SUA10365（1960年）

アマデウスQ Gram. 2734 006（1963年）Box

レナード・バーンスタイン指揮 ウィーン・フィル Gram. 2531 077（1977年）

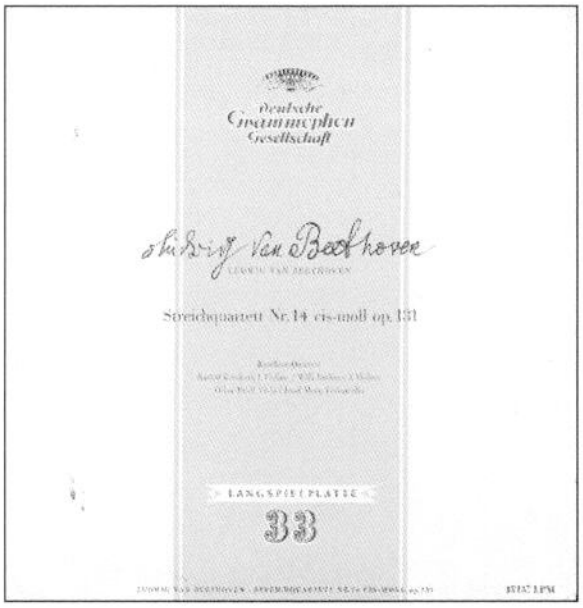

ケッケルトSQは戦前は「ズデーテン・ドイツ人弦楽四重奏団」という名前だった。ズデーテン地方は、ミュンヘン会談で問題になった、民族ドイツ人が数多く在住したチェコの一部だ。戦後はミュンヘンを本拠地として活躍した。プラハ・ヴラフSQは、ヴァイオリン奏者ヨゼフ・ヴラフによって組織されたチェコのグループ。どちらもボヘミアの血を引くグループだ。

ベートーヴェンの晩年はおそらく、苦悩と安らぎが深いところでせめぎあい、同居していたのだろうが、演奏者がどちらの側面により強く光を当てるかによって、その音楽は異なった様相を見せる。この二つのグループはどちらかといえば、後期ベートーヴェンの明るい側面を捉えようとしているように見受けられる。

ケッケルトSQの演奏は優しく穏やかだ。特に緩徐楽章は美しい。好感がもてる。ただアメリカ組（特にブダペスト、ジュリアード）に比べると、時代的なものもあるのだろうが、いくぶん緻密さに欠けるところがあるように感じられる。しかし「そこまで緻密である必要があるだろうか？」とか考え始めると、「これくらいで別にいいじゃないか」ということになるかもしれない。そこまできつくネジを締めなくたっていいだろう、これで十分音楽は楽しめるし、鑑賞できるんだから、と。

ヴラフSQも基本的には同じスタイルの演奏だが、吹き込みに六年の差があるからだろう、印象はよりモダンになり、四者の楽音の粒立ちも絡みもより鮮

やかになっている。最後まで緊張感はたゆまず維持される。しかし過度に痛切なところは見受けられず、中欧的なふくよかさが優位に立つ。

アマデウスQは三人が亡命オーストリア人、一人が英国人の団体で、英国を中心に活動していた。彼らの演奏する作品131はまさに「王道」を行くものだ。ブダペストSQの演奏もまた王道を行くものだが、王道がひとつだけでなくてはならない理由はない。アマデウスQの演奏は聴いていて、どこまでも安らかな気持ちになれる。この美しさは尋常ではない。ブダペストが「求道」なら、こちらは「救済」だ。どちらの演奏も半世紀以上昔の録音になるが、今でもなお指標として通用する歴史的名演だ。

バーンスタインがウィーン・フィルのフル弦楽セクションを指揮して、この四重奏曲をベートーヴェンのオリジナルの譜面のままに演奏する（チェロ・パートにコントラバスが加わっているところだけが違う。ミトロプーロス編曲版）。もちろん簡単にできることではないが、バーンスタインとオーケストラは熱意と誠意をもってこの作業に取り組んでいる。試みが全面的に成功を収めているとは言い難いが、「これは亡き妻（フェリシア）の思い出に捧げた演奏だ」と本人が語っているように、真摯で誠実な姿勢から生み出された実のある音楽になっている。

41) ベートーヴェン　ピアノ協奏曲第1番 ハ長調 作品15

レナード・バーンスタイン(Pfと指揮) ニューヨーク・フィル Col. MS-6407 (1958年)
スヴャトスラフ・リヒテル(Pf) シャルル・ミュンシュ指揮 ボストン響 Vic. LM-2544 (1960年)
グレン・グールド(Pf) ウラディミール・ゴルシュマン指揮 コロムビア響 Col. MS-6017 (1958年)
アルトゥーロ・ベネデッティ・ミケランジェリ(Pf) カルロ・マリア・ジュリーニ指揮 ウィーン響 Gram. 2531・302 (1979年)

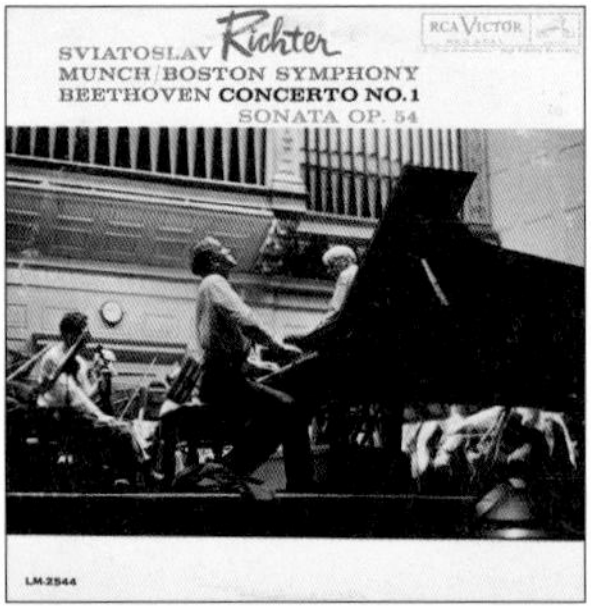

クラシック音楽を真剣に聴き始めた高校生の頃、レオン・フライシャーとジョージ・セル（クリーヴランド管）が演奏したこの協奏曲のレコードを買って、何度も繰り返し聴いて、それですっかり好きになってしまった。まだ自分のスタイルをはっきりとは確立していない時代のベートーヴェンだが、その若々しさが魅力だ。フライシャーのレコードは今は手元にないが、でもこの曲を耳にすると懐かしく温かい気持ちになる。その昔よく聴いた三枚のＬＰレコード（プラス１）を選んで聴き直してみた。

バーンスタインが弾き振りをしているベートーヴェンの協奏曲はこの「１番」だけだが、ずいぶん久しぶりに聴きなおしてみて、全体的に音楽がかなり薄味に感じられることに驚いた。昔はもっと新鮮に若々しく聞こえたはずなんだけど、今となってはもうひとつ迫ってくるものがない。

ひょっとしてこちらの感受性が鈍ったのかなと思ってリヒテルのレコードを聞き返してみたら、こちらは昔と同じように潑剌として感じられたので、「ああ、良かった。僕の耳のせいじゃなかったんだ」と安心した。しかしこの頃のリヒテルって、何か凄まじいものがありましたよね。迷いひとつなく（実際には少しくらいはあったのかもしれないけど）、向かうところ敵なし、みたいな。ピアノの一音一音の鋭い響きに、若い当時のベートーヴェンの清新な息吹がひしひしと感じられる。シャルル・ミュンシュの指揮もそれを受けて気合が入っている。

グールドの演奏も久しぶりに聴いたが、記憶していたよりずっと正統的なものだったので、少なからず驚いた。第一楽章と第三楽章の愉快な（と言っていいんだろうな）カデンツァを別にすれば、風変わりなところはほとんど見当たらない。きわめて真っ当な、説得力のあるベートーヴェンだ。そしてそのピアニズムはどこまでもポジティブで、先鋭的だ。ウラディミール・ゴルシュマンの指揮も要を得ており、この天才の演奏を堅実に不足なく支えている。併せて収録されたバッハの協奏曲5番はベートーヴェンに劣らず見事だ。

ミケランジェリの演奏はいかにも彼らしい、歯切れの良い鋭い音がどこまでも痛快無比に響き渡る。ジュリーニとウィーン交響楽団がそれに合わせて丁寧に（いくぶん遠慮がちに）バックグラウンドを整えていく。あくまで主役はピアニスト。実況録音だが技術的な乱れは皆無。演奏（とりわけカデンツァ）にあまりにも迫力がありすぎて、聴き終えたときには微かに汗が滲んでしまうくらいだ。素晴らしいとは思うけど、ちょっと疲れるかも。しかしこの演奏、実際に目の前で聴いたらさぞや凄かっただろうな。怖いもの見たさ、みたいなところもあるけど。

42) ブロッホ 「シェロモ チェロと管弦楽のためのヘブライ狂詩曲」

ザラ・ネルソヴァ(Vc) エルネスト・アンセルメ指揮 ロンドン・フィル London CM-9133 (1950年代前半)
ヤノーシュ・シュタルケル(Vc) ズービン・メータ指揮 イスラエル・フィル London CS-6661 (1970年)
ジョルジュ・ミケル(Vc) ハワード・ハンソン指揮 イーストマン・ロチェスター管 Mercury SR-90288 (1960年)
レナード・ローズ(Vc) ユージン・オーマンディ指揮 フィラデルフィア管 Col. ML5655 (1961年)
ロストロポーヴィチ(Vc) レナード・バーンスタイン指揮 フランス国立管 日Angel EAC-60329 (1976年)

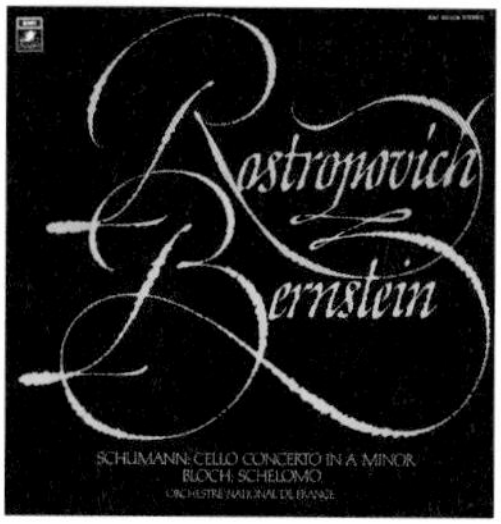

とくに「シェロモ」という曲が好きなわけではなく、意識して集めたわけでもないのだが、気がついたらなんとなくレコードが溜まっていた……という好例。もちろん別に嫌いなわけでもなく、気が向くと取り出して聴いている。ただ音楽にあまり思い入れがないので、続けて聴き比べても、どの演奏が優れていて、どの演奏がそれほど優れていないのか、うまく見分けがつかない。それでも何度か聴いていると、次第に曲の成り立ちが見えてくる。

ネルソヴァのチェロは闊達に歌っている。ネルソヴァはカナダで生まれたが、両親はロシアから移民したユダヤ人で、ヘブライ風のメロディーはあるいは彼女の体質に合っていたのかもしれない。珍しくロンドン・フィルを指揮するアンセルメも、色彩豊かな音をその背後にそつなく提供している。音楽はけっこうパッショネートだが、演奏は熱くなりすぎないように知的に抑制されている。

シュタルケルとメータの演奏は内容がぎゅっと引き締まっているように感じる。ネルソヴァ盤に比べると、音楽がより内省的になっている。シュタルケルもユダヤ系の人だが、彼のチェロ独奏は歌うというより、むしろ内向きの独白のように聞こえる。メータの演奏はアンセルメよりずっとねちっこく、ドラマチックだ。この辺は好みが分かれるところだろう。しかしメータはインド人(ゾロアスター教徒のようだ)なのに、ヘブライ的な雰囲気をかなりリアルに出している。

ジョルジュ・ミケルはフランス人で、どうやらユダヤ系ではないらしく、出

来上がった音楽はほとんど「ヘブライ風」ではない。どちらかといえばあっさり、より普遍的な方向に振れた音楽になっている。これも評価が分かれるところだが、それはそれで悪くないように僕は思う。演奏自体は立派なものだし、録音は優秀だから。ただヘブライ調が消えてしまうと、この曲はなんだかハリウッド映画のサントラみたいに聞こえてしまうきらいはある。

レナード・ローズは「室内楽の人」という印象が強いのだが、シューマンの協奏曲と、ブロッホの「シェロモ」をカップリングしたこの盤を聴くと、明瞭な自分の音楽を持った演奏家であることがよくわかる。技術も完璧だし、豊かな歌心もある。しかしそのいかにも穏やかで知的な芸風（なんとなく弟子のリン・ハレルを思わせる）が、あるいはソリストとしてのぬきんでた大成を阻んだのかもしれない。

ロストロポーヴィチとバーンスタイン（フランス国立管）の演奏は、普遍的な意味において驚嘆すべき見事な演奏だと思う。曲そのものが、一段階上の音楽に聞こえてしまうほどに。しかしそのあまりの「濃さ」に少しばかり身を引いてしまうかも。

43）ラロ 「スペイン交響曲」ニ短調 作品21

ジノ・フランチェスカッティ（Vn）ミトロプーロス指揮 ニューヨーク・フィル Col. ML-5184（1957年）
アイザック・スターン（Vn）ユージン・オーマンディ指揮 フィラデルフィア管 Col. ML-5097（1956年）
ナタン・ミルシテイン（Vn）ウラディミール・ゴルシュマン指揮 セントルイス響 Capitol P8303（1954年）
アンネ＝ゾフィー・ムター（Vn）小澤征爾指揮 フランス国立管 EMI DS-38191（1984年）

この曲も「シェロモ」と同じように、とくに意識して集めたわけでもないのに、レコードがいつの間にか集まってしまったという例です。ラロの「スペイン交響曲」はサラサーテのために作られた、ヴァイオリンの名人芸を聴かせるのにはうってつけの曲で、「我こそは」というヴァイオリニストたちが次々に挑んできた。だからそれほど深い内容を持つ曲ではない（と思う）のだが、その割には優れた演奏が揃っている。

この曲は――僕がこれまで聴いた限りではということだが――フランチェスカッティが何と言っても素晴らしい。美しい音色に惚れ惚れとしてしまう。ブラームスだとかベートーヴェンでは、なかなかここまでしっかり美音を出すことは憚《はばか》られるが、「スペイン交響曲」ならそのへんは「全開オーケー」みたいなことで、フランチェスカッティさんは遠慮なく堂々と弾きまくる。ラテン系の血がさわぐ、みたいな感じで。

若き日のアイザック・スターンのアプローチはストレートで実に力強い。いかにも鼻っ柱の強い音だ。オーマンディの指揮するフィラデルフィア管弦楽団もそれに負けず、生き生きした音を出している。聴き応えがある。スターンは一九六七年にやはりオーマンディと組んで「スペイン交響曲」をステレオ録音している。新しい方は未聴だが、僕としてはこの元気一杯のモノラル盤で十分満足している。

ミルシテインのヴァイオリンには、「スペイン風味」のようなものはほぼ感

じられない。ウラジミール・ゴルシュマンの指揮するセントルイス交響楽団にもやはりそれは感じられない。おまけにカップリングされているのが、プロコフィエフの第1ヴァイオリン協奏曲だから、「なんでここで『スペイン交響曲』なの?」という疑問が当然浮かんでくる。とはいえ非ラテン系「スペイン交響曲」も、それはそれでなかなか悪くない。演奏技術はなにしろどこまでも完璧だし。

若き日の「天才少女」ムターと小澤の「スペイン交響曲」。征爾さんによると「あれね、カラヤン先生に『おまえ、やれ』って言われてやったんだよ」ということだ。本人はとくにやりたくなかったのかもしれないが（カラヤン先生に押しつけられたのかも）、演奏は申し分なく充実している。ヴァイオリンもオーケストラも実に気持ちよく鳴っている。ヴァイオリンはいくぶん線が細めだが、耳がいったんそれに馴れると、その繊細さが一つの持ち味、魅力になる。フランス国立管弦楽団、素晴らしい。

44）モーツァルト　クラリネット協奏曲 イ長調 K.622

ジェルヴァース・ドゥ・ペイエ(Cl) アンソニー・コリンズ指揮 ロンドン響 London LL1135（1957年）
ジェルヴァース・ドゥ・ペイエ(Cl) ペーター・マーク指揮 ロンドン響 London CS6178（1960年）
ハインリッヒ・ゴイザー(Cl) フェレンツ・フリッチャイ指揮 ベルリン放送響 Gram. LPEM19130（1959年）
アルフレート・プリンツ(Cl) カール・ベーム指揮 ウィーン・フィル 日Gram. MG-2437（1972年）
ジャック・ブライマー(Cl) トマス・ビーチャム指揮 ロイヤル・フィル EMI ASD344（1959年）
ハロルド・ライト(Cl) 小澤征爾指揮 ボストン響 Gram. 2531 254（1978年）

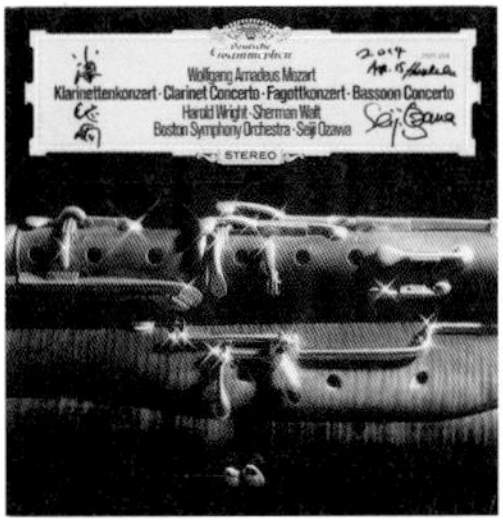

モーツァルト晩年の傑作、クラリネット協奏曲。メリル・ストリープの映画ですっかり有名になった。平原のライオンも聴き惚れる名曲。

ドゥ・ペイエとコリンズの盤は初っ端から、いかにも古色豊かな音が鳴っている。この時代の英国人が考えるモーツァルト像みたいなものが定型として出来上がっており、独奏者も伴奏者もそこから足を踏み出さない。その雰囲気も悪くはないんだけど、今となっては少し堅苦しいかも。ところが同じクラリネット奏者がその三年後にペーター・マークの指揮する同じロンドン交響楽団とステレオ録音した演奏は、打って変わって生き生きした、味わい深いものになっている。三年でこれほど演奏が変わってしまうものかと驚嘆してしまうくらい。指揮者との相性なのだろうか。

ゴイザーはカール・ライスターの師匠だった人で、ベルリン放送交響楽団の首席クラリネット奏者を長年務めていたが、とても姿勢の良い音を出す。奇をてらうことなく、自由に素直にモーツァルトを演奏する。フリッチャイも出過ぎず引き過ぎず、見事な伴奏をつけ、クラリネットと自然に上品に主役を分け合っている。はっと人目を惹くような派手さはないけれど、好感の持てる音盤だ。

プリンツ／ベーム／ウィーン・フィルの演奏は顔ぶれからして最上級、モーツァルトの音楽にぴったりだし、実際世間の評判もとても良くて、この協奏曲のベスト盤によく挙げられていたりするのだが、僕はなぜかあまり心を惹かれ

ない。何度聴いても今ひとつ印象に残らないのだ。右の耳から左の耳へとするすると抜けていく。間違いなく上等な演奏だとは思うんだけど……どうしてだろう?

ブライマーはロンドン響の首席奏者を長く務めた人で、しっくり温厚な音を出す。それにビーチャムの「サロンで紅茶を」的な大人《たいじん》的演奏が彩りを添えるわけだから、その結果当然ながら、上質のチャーミングな演奏が出来上がる。「天下の名演」とまではいかなくとも、良い具合に癒されます。世の中が「天下の名演」ばかりだとけっこう疲れちゃうかも。

小澤征爾が手兵のボストン響の首席クラリネット奏者、ハロルド・ライトを独奏者に立てて演奏したレコード。流れが良く、しかもはっとさせられる箇所もところどころにあり、安心して楽しめる手抜かりのない音楽になっている。気心の知れた仲間内の仕事なので、妙にかしこまっていないところが気持ちよい。

比較的新しいところでは、ライスター/マリナー/アカデミーの演奏が気に入っている。クラリネットの音色が明るくハキハキしていて、マリナーの伴奏もそれに合わせて躍動的だ。

45) バルトーク　ピアノ協奏曲第1番

ピーター・ゼルキン(Pf) 小澤征爾指揮 ボストン響 Vic. LCS-2929 (1965年)
ルドルフ・ゼルキン(Pf) ジョージ・セル指揮 コロムビア響 Col. MS-6405 (1962年)
ゲザ・アンダ(Pf) フェレンツ・フリッチャイ指揮 ベルリン放送響 Gram. 618708 (1959年)
ダニエル・バレンボイム(Pf) ピエール・ブーレーズ指揮 ニュー・フィルハーモニア Angel S36605 (1967年)

バルトークのピアノ協奏曲1番は聴きごたえのあるレコードが多いが、中でもいちばんのお勧めはピーター・ゼルキンと小澤征爾の盤だ。二人の演奏でこの曲を聴いていると、「そうか、これってこんなにわかりやすい曲だったんだ」と目を開かれる思いがするからだ。他の人の演奏で聴いていると、「やはりバルトークの音楽には難解な手強い部分があるな」とところどころで感じてしまうんだけど、このレコードを聴いている限り、そんなことはまず思わない。音楽の響きと流れに引っ張られて、ごく自然にすらすらと聴き終えてしまう。これはやはり小澤征爾の音楽的レールの敷き方が優れているからだろう。そこにピーターがうまく乗っかって、絶妙のコンビネーションが生まれる。この時小澤は二十九歳、ピーターは十八歳、二人とも若々しくフレンドリーで、しかもどこまでも音楽に誠実だ。そういう演奏を前にすると、こちらはただ舌を巻くしかない。

お父さんのルドルフ・ゼルキンは、同じ曲をその三年前にコロムビアに吹き込んでいる。相手方は巨匠ジョージ・セル、コロムビア交響楽団。当時のピーター／小澤組よりはかなり格上のコンビだ。車でいえばメルセデス・ベンツとホンダ・シビックくらいの差がある。さすがに出だしからして迫力がある。大柄な、そして重厚な演奏と言っていいだろう。こちらも音楽的レールは、セルの方が仕切っているように感じられる。ルドルフ・ゼルキン／セルのコンビはいつも音楽が少し重くなりがちだが、この曲に関してもその傾向があり、その

ぶん途中で——とくに緩徐楽章あたりから——流れが少し淀む。そのあたりをピーター／小澤組は実に軽快に乗り切っている。

ゲザ・アンダとフリッチャイはどちらもハンガリーの出身、バルトークと同郷だ。二人で組んで、バルトークのピアノ協奏曲全集も録音している。さすがに熟達した、こなれた演奏だ。二人の演奏には「現代音楽だからといって、鋭く突っ張る必要はないんだ」という穏当な姿勢が貫かれている。パーカッシブな部分でも、勢い任せにピアノを叩きまくったりはしない。ゲザ・アンダは常に良い意味での「中庸さ」を発揮する——しかし決して凡庸にはならない——心あるピアニストだった。

バレンボイムとブーレーズの演奏は、第一楽章がなんだか木で鼻をくくったような演奏で、たいして面白いとは思えないのだが、じっと聴いていると二楽章あたりからだんだん調子が出てきて、三楽章では盛り上る。全体としては緻密で硬質な演奏、フレンドリーな要素は皆無に近い。

46) シューマン　ピアノ五重奏曲 変ホ長調 作品44

ルドルフ・ゼルキン(Pf) ブッシュSQ Col. ML2081 (1942年) 10インチ
ルドルフ・ゼルキン(Pf) ブダペストSQ Col. MS-7266 (1963年)
クリフォード・カーゾン(Pf) ブダペストSQ Col. ML-4426 (1951年)
レナード・バーンスタイン(Pf) ジュリアードSQ 日CBS SONY SOCM-15 (1964年)
ジェームズ・レヴァイン(Pf) ラサールSQ 独Gram. 2531343 (1980年)

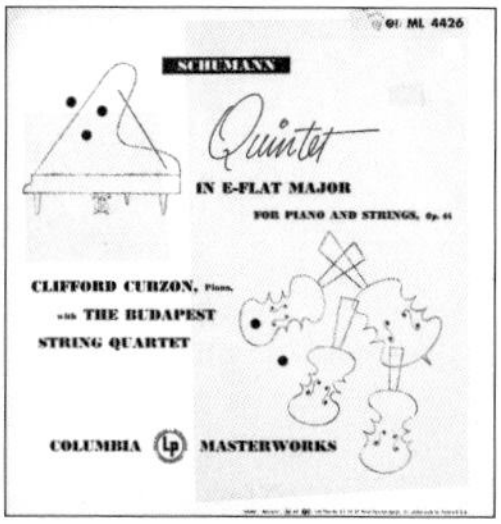

ピアノ五重奏曲って、だいたいの作曲家は一作しか作らない。どうしてだろう？　名曲揃いなのに。

とてもチャーミングなシューマンのピアノ五重奏曲。まずゼルキンとブッシュSQの一九四二年の録音。ゼルキンはブッシュの娘婿だけど、ホロヴィッツ／トスカニーニの場合とは違って、音楽的に終始親密な関係にあり、共演したレコードも数多く残している。きっといろんな意味で相性が良かったのでしょうね。このレコードでもピアノと弦楽器がそれぞれにうまく「攻め」の姿勢をとっていて、音楽に勢いが出ている。お互い気心がわかっているから、遠慮みたいなものがない。特にまだ年若いゼルキンの張り切りぶりは清々しい。SP時代なので録音は確かに古いが、聴いているうちにそんなことはまったく気にならなくなる。

その約二十年後、一九六三年の演奏では、ゼルキンはブダペストSQと組んでいる。音楽は「これほど違うものか」というくらい違っている。ブッシュとの演奏は極めて直線的なきっぱりしたものだったが、新しい方は全体として流動的だ。音が自由に動いている。ゼルキンは義父の勢力圏から離れて（ブッシュは一九五二年に六十歳で亡くなった）、より自由に自分の音楽を追求できるようになったのかもしれない。ゼルキンもブダペストSQも脂の乗り切った「円熟の境地」にあるようで、全く危なげのない優れた演奏になっている。ただ所々で音楽が「ブダペスト的」にねちっこくなり（特に第二楽章）、若き日

のゼルキンの音がちょっと懐かしいな……という気がしたりもする。

そのブダペストSQとクリフォード・カーゾンが一九五一年に吹き込んだレコード。カーゾンは折り目正しい演奏をする英国人のピアニストで、音をむやみに動かすようなことはない。この盤の第二楽章では、ブダペストとカーゾンは実に美しく節度ある音楽を奏でている。スケルツォにおいても、その姿勢が乱れることはない。しかもそこにはロマン主義の匂いが怠りなく漂っている。そのような音楽の流れは、カーゾンが中心になって作り出しているのだろう、という印象を僕は受ける。

ベートーヴェンの協奏曲1番の項で、バーンスタインのピアノのことを批判的に「薄味だ」と書いたけど、このシューマンの演奏を聴いて「悪いことを言ってしまった」と反省した。ここでのバーンスタインのピアノは頭《こうべ》を垂れたくなるほど見事だ。ジュリアードSQと共に、シューマンの室内楽の美しい小宇宙を堪能させてくれる。優れて知性的であり、かつ熱い感情も不足なく持ち合わせている音楽だ。

やはり指揮者でありピアニストでもあるジェームズ・レヴァインが、ラサールSQと組んだ演奏も温かく充実していた。密度は高いが押しつけがましくない上等な音楽だ。こうしてみるとこの五重奏曲、優れた演奏が揃っていますね。

47）リスト　ピアノ協奏曲第1番 変ホ長調

エディット・ファルナディ(Pf) エイドリアン・ボールト指揮 ウィーン国立オペラ管 West. WST-14125（1959年）
ゲザ・アンダ(Pf) アッカーマン指揮 フィルハーモニア管 英Col. 33CX-1366（1956年）
レナード・ペナリオ(Pf) ルネ・レイボウィッツ指揮 ロンドン響 Vic. LSC-2690（1963年）
フィリップ・アントルモン(Pf) オーマンディ指揮 フィラデルフィア管 Col. MS-6071（1959年）
スヴャトスラフ・リヒテル(Pf) コンドラシン指揮 ロンドン響 Phil. PHM900-000（1961年）

リストのピアノ協奏曲は僕が初めて購入したクラシックのレコードだ（ピアノがエディット・ファルナディ、指揮がボールト）。これを何度も繰り返し聴いて、細かいところまで曲を覚えてしまった。今でも僕の愛好する曲になっている。でもこのファルナディの盤は、今聴くと（残念ながら）音も演奏もいささか古っぽく感じられてしまう。

ゲザ・アンダは僕の贔屓《ひいき》のピアニストだが、この曲に関しては少し遊びすぎているような気がする。とても軽やかで心地よいのだが、もう少し落ち着きがあってもいいのではないか。なかなかユニークな楽しい演奏ではあるし、他の演奏に飽きた時に聴くにはいいかもしれないが。

今ではほとんど忘れ去られかけているピアニスト、ペナリオのこの演奏、話題になることはまずないようだが、これは眼が覚めるように素晴らしい。見事なテクニックで難曲を楽々と弾ききっており、しかも品格のある音楽に仕上がっている。それに加え、伴奏指揮がレイボウィッツ、録音エンジニアがK・E・ウィルキンソン、場所がキングズウェイ・ホールとなると、その手のマニアには堪えられないだろう。このLP、見つけたら買っておかれてまず損はないと思う。たぶんそれほどの値段はついてないと思うし（僕は九十九セントで買いました）。

フィリップ・アントルモンもやはり、歳月の経過と共に印象が薄くなりつつあるピアニストみたいだが、この人の持ち味は「万年好青年」みたいな育ちの

良い清々しさにある。決してテクニックを誇張することなく、感情を安易に吐露するわけでもなく、ごく自然に穏やかに上品に音楽をこしらえていく。このヴィルトゥオージティーが前面に押し出されがちなリストの協奏曲でも、「ほら、どうだ！」みたいなところは皆無で、実にさりげなく、そのへんはなにしろ好感が持てる。でもそういうのってたぶん「売り」にならないんだろうな。僕はけっこう好きだけど。

そして最後はこの曲の「絶対的歴史的定番」とされている、リヒテル／コンドラシンの顔合わせ。うちにあるレコードはモノラル盤なので、ステレオに買い換えようと思って新しく出た「高品質盤」ＬＰを買い求めたのだが、音の色付けがキツすぎて好みに合わず、結局元のモノ盤を聴いている。ＣＤでも持っているけど、やはり腰の据わったアナログの音の方が好きだ。演奏？　文句のつけようがないです。「絶対的歴史的定番」なんて言われるとついヘソを曲げたくなるけど、これは素直に認めるしかない。ピアノが高々と飛翔し、地上ではオーケストラが燃えまくる。

と書いたところでようやく、先日オリジナルのステレオ盤を入手することができた。この音、実に素晴らしい。よかった。

48) メンデルスゾーン　交響曲第3番「スコットランド」イ短調 作品56

シャルル・ミュンシュ指揮 ボストン響 Vic. LM-2520（1959年）
エイドリアン・ボールト指揮 フィルハーモニック・プロムナード管 West. XWN18239（1958年）
ペーター・マーク指揮 ロンドン響 London CM9252（1958年頃）

選んだレコードは三枚ともモノラル盤だ。どれも一九五〇年代末の録音で、世の中は既にステレオ方式時代に突入していたわけだが、僕は「どうしてもステレオ盤でなくては」という風には思わない。リストのピアノ協奏曲のオリジナル・ステレオ盤を手に入れて嬉しい……みたいなことを書いたすぐあとで、その舌の根も乾かぬうちにこんなことを言うのはなんだけど、あくまで基本的なことを言えば（すべてはケース・バイ・ケースだが）、良い演奏で良い音質・盤質であれば、モノラル録音で十分不足なく音楽を楽しめる。当時の人々（大衆）の大半はおそらくまだモノラルで音楽を聴いていたのだろうし、今となっては、ステレオ時代のモノ・ヴァージョンはアナログ・レコードでしか聴くことができないわけだから、考えようによってはそれもひとつの贅沢と言えるかもしれない（指揮者オットー・クレンペラーはステレオのことを「いかさま師の発明」と呼んで嫌っていたという。素敵だ）。

シャルル・ミュンシュは手勢のボストン交響楽団から、実にしなやかな美しい音を引き出している。独特の音だ。ＮＹフィルに対するボストン響は野球で言えば、ヤンキーズに対するレッドソックスのような対抗的存在だった。ＮＹフィルにはこういう音はまず出せない。たぶん弦楽器の弓使いからして違うのだろう。演奏もくっきりと鮮やかで素晴らしい。眼前にスコットランドの風景が、どこまでも切れ目なく広がっていくようだ。それでいて押しつけがましいところがない。ミュンシュはこういう上品な描写に長《た》けている。

サー・エイドリアン・ボールトの演奏は穏やかで端正でまとまりは良いが、残念ながら聴き終えたあと、もうひとつ印象に残らない。一九五〇年代の英国人の演奏する、礼儀正しくオーソドックスなメンデルスゾーン、というタイプの音楽だ。そういうのは決して嫌いではないけれど、それにしてもひっかかるところがないんだよね。ただこざっぱり通り過ぎていってしまう。何も残らないとやはりちょっと不安になってくる。

それに比べると、ペーター・マークはメンデルスゾーンを得意とするだけのことはあって、その演奏は生き生きして躍動感がある。この人がとてもセンスの良い、進取の気性に富んだ指揮者であったことがわかる。ミュンシュの演奏に比べるとより動的だ。風景描写的な要素は希薄で、どちらかといえば音楽自体の構造を積極的に、骨太に明らかにしていくことの方に目が向いている。しかし同時に、その音楽は優れて叙情的でもある。クライマックスは思わず拍手を送りたくなるほど素晴らしい。モーツァルトの項でも書いたけど、ペーター・マークという指揮者になぜか心が惹かれる。

49）ショスタコーヴィチ　交響曲第5番 ニ短調 作品47

ディミトリ・ミトロプーロス指揮 フィルハーモニック響NY Col. ML4739（1952年）
レオポルド・ストコフスキー指揮 スタジアム・シンフォニー・オブNY Everest LPBR6010（1958年）
レナード・バーンスタイン指揮 ニューヨーク・フィル Col. ML5445（1959年）
ハワード・ミッチェル指揮 ナショナル響. Vic. LSC-2261（1953年）

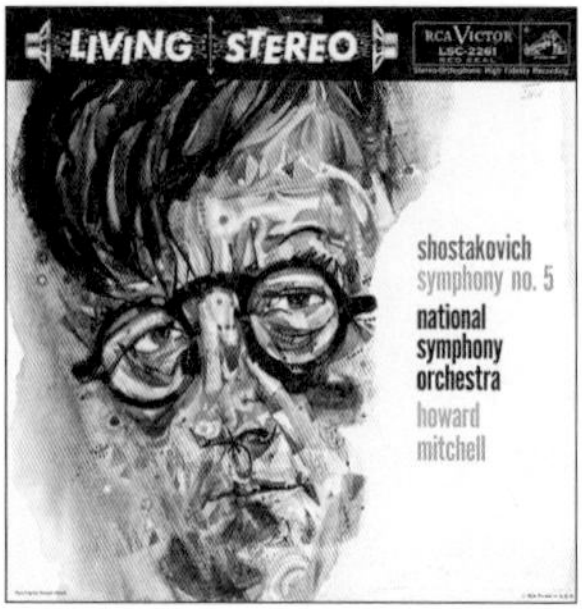

一九七九年、レナード・バーンスタインの指揮するNYフィルの演奏会でこの5番のシンフォニーを聴いて、まさに言葉を失った記憶がある。場所は上野の東京文化会館、ステージが燃え上がるんじゃないかと心配になるほどの白熱の演奏だった。この時の演奏はコンサート・ライブとしてレコード化されている。

ここでは実質NYフィルの演奏を三種挙げる。ミトロプーロスが指揮する「フィルハーモニック・シンフォニー・オーケストラ・オブ・NY」はNYフィルの前身、ストコフスキーの指揮する「スタジアム・シンフォニー・オーケストラ・オブ・NY」はNYフィルの変名（レコード会社との契約上）。そしてもう一つ、バーンスタインが一九五九年に本名NYフィルの名の下に録音した真打的名盤。

ミトロプーロスの演奏はいかにもこの人らしく、あくまで非情だ。即物的というか、私情をはさまずにただキリキリと音楽を絞り込んでいく。それがショスタコーヴィッチの張り詰めた音楽に、実にぴたりと合っている。そこにあるのは一直線に突き進む迷いのない音楽だ。

それに比べると、ストコフスキーの演奏には今少し膨らみと色付けがある。しかし「やわだ」という意味ではない。ミトロプーロスの演奏と比べても遜色ない緊迫感が、そこには終始しっかり漂っている。そしてその音楽に対する強い敬意が感じられる。思うのだが、アメリカ在住のヨーロッパ出身の音楽家た

ちには、ショスタコーヴィッチに対する共感のようなものがある。それはたぶん第二次大戦中に培《つちか》われたものなのだろう。その時期アメリカとソ連は、対ナチス・ドイツの同盟国だったし、ショスタコーヴィッチの音楽はその絆の象徴的存在だったから。

そしてバーンスタインの五九年盤。無駄なく引き締まった筋肉質の演奏だ。壮大なクライマックスに向けて音楽が次第に盛り上がっていく。きわめてスリリングだ。しかし同時に叙情的な部分も生きているし、精緻な心理描写（みたいなもの）にも怠《おこた》りない。決して結論を急がない賢明さもある。この時期のNYフィルにはまさに常勝軍のような迫力があった。バーンスタイン／NYフィルにとっては「旧録」にあたるが、古さは毛ほども感じられない。むしろ鮮やかな同時代性をさえ感じる。上野の文化会館でのディジタル・ライブ盤と双璧を為す名盤だ。

首都ワシントンのナショナル交響楽団を率いるハワード・ミッチェルは、一九四九年から六九年にかけて同楽団の首席指揮者をつとめた。名前こそあまり一般的に知られていないが、その音楽は先の三人の巨匠に引けを取らない優れた、活気ある内容になっている。録音も素晴らしい。ジャケットも素敵だ。

50）リヒアルト・シュトラウス 「四つの最後の歌」

エリザベート・シュヴァルツコップ(S) ジョージ・セル指揮 ベルリン放送響 Angel 36347（1965年）
キリ・テ・カナワ(S) アンドリュー・デイヴィス指揮 ロンドン響 日CBS SONY 23AC-694（1978年）
リーザ・デラ・カーザ(S) ベーム指揮 ウィーン・フィル Dec. LW-5056（1953年）10インチ
アンネリーゼ・ローテンベルガー(S) プレヴィン指揮 ロンドン響 EMI ASD3082（1974年）
グンドゥラ・ヤノヴィッツ(S) ヘルベルト・フォン・カラヤン指揮 ベルリン・フィル 日Gram. MG2459（1972年）

最初にシュヴァルツコップの歌で聴いて、この曲集が好きになった。僕は熱心なリートの聴き手ではないが、このレコードはよくターンテーブルにのせる。シュトラウスが死の前年、八十四歳の時に書いたこの曲集には、人生の終わりを前にした人の静かな諦観が満ちている。あるいは静かな諦観を希求する心が。

シュヴァルツコップの表現力は見事だ。音楽の隅から隅までを隈なく味わい尽くしている歌唱で、「心で歌う」という表現がまさにぴったりだ。ジョージ・セルの歌伴ってあまり聴いたことがないけど、これが実に素晴らしい。細やかな心遣いで歌唱を支えている。オーケストレーションに関しては極致をきわめた作曲者だけあって、この曲の歌唱では伴奏オーケストラの質が大事な意味を持ってくる。特に終曲「夕映え」の残光が消え入るような密《ひそ》やかな終わり方には、いつも心が震える。

キリ・テ・カナワの歌唱は、シュヴァルツコップに比べればドラマティックだ。「静かな諦観」というよりは、「にもかかわらず強く脈打つ想い」みたいなものを感じてしまう。デイヴィスの伴奏も同様に前向きだ。歌う人によって音楽の印象がこれほど変わるものかと、ちょっと驚いてしまう。僕はやはりシュヴァルツコップの世界により強く惹かれるのだが、それでもキリさんの豊かでナチュラルな美声に耳を澄ませていると、こういう明るさを持つ歌唱もありなのかなと、ふと思う。

シュトラウス歌手、デラ・カーザの全盛期における歌唱だが、録音の古いせ

いもあり、その表現がクリアに伝わってこない。ベームの伴奏もどこかうっすらして、もうひとつ迫ってくるものがない。期待させる組み合わせなのに、どうしてだろう？

プレヴィンはこのローテンベルガー盤のあと、一九八八年にアーリーン・オージェともこの曲を録音しているが、どちらの盤もオーケストラの精緻な演奏が歌唱を大いに助けている。というか、歌が主役のはずなのに（そしてとても上質な歌唱なのに）、耳がふとオーケストラの音の方に惹かれてしまうことが多い。プレヴィンって伴奏が上手なんですね。

ヤノヴィッツの美声とその声量はまさに圧倒的であり、情緒的訴求力にも不足はない。カラヤンの伴奏もそれに負けず劣らず大柄で華麗だ。この三拍子揃った迫力には、たぶん誰もかなわないだろう。ただ舌を巻いてしまう。でも素直に感動する前に、そこに何かしら人工的な匂いを微かに感じとってしまうのは、僕だけだろうか？

結局のところ僕としては、シュヴァルツコップ盤一枚あればそれでもういいのかも。そのことを確認するために他のいろんなレコードを聴いて回っているような気がする。

51〈上〉シューベルト　ピアノ・ソナタ第21番 変ロ長調 D960（遺作）

イエルク・デームス(Pf) West. XWN-18845（1951年）

ゲザ・アンダ(Pf) Gram. 138880（1963年）

パウル・バドゥラ＝スコダ(Pf) 日Vic. SRA-2673（1971年）

シューベルトのピアノ・ソナタでは、僕はしばらく「ニ長調（D850）」に凝っていたのだが、この変ロ長調にも同じくらい心を惹かれる。シューベルトの長大なピアノ・ソナタって、なぜか知らず知らずのめりこんでしまいますよね。しかしどちらの曲も一般的に演奏され、聴かれるようになったのは、比較的近年になってからだ。シューベルトのピアノ・ソナタ全体が、それ以前はかなり冷遇された状態にあった。ただ長くて退屈な代物だと思われていた。だから今回取り上げたレコードはデームスのものを除いて、すべて一九七〇年前後の録音になる。

デームスの演奏はもう七十年近く前のものだが、今聴いてもまったく古びていない。シューベルトの魂をそのまま捉えて示したような、美しくよどみのない音楽になっている。本当に素直で誠意のある演奏だ。ウィーン育ちのピアニストの演奏するシューベルト——だから良いというわけでもないのだが、この音楽には同じ水を飲んだ作曲者に対する自然な敬意のようなものが強く感じられる。

ゲザ・アンダも、まだこの曲が広く聴かれるようになる前の時代に、取り上げて録音したわけだが、どうしてまたこんなに長くて、（当時）とくにポピュラーとも言えない曲をわざわざ選んだのだろう？　デームスはシューベルトを好んでよく演奏していたからまだ話はわかるのだが、アンダはこの曲の他にはシューベルトをほとんど録音していない（と思う）。なのにどうしてこの変ロ

長調でなくてはならなかったのか？　理由はもちろんわからないが、おそらくはそれだけ強い意欲をもって臨んだのだろう。結果はとても充実した演奏に仕上がっている。

アンダはこの長い曲をいささかもダレることなく、最後まで見事に筋を通して弾き切っている。そしてこの曲がここまで長くなくてはならなかった理由を見事に解き明かしてくれる。それだけでも十分に凄いと思うのだが、それに加えて音の隅々にまで彼の熱い想いのようなものが込められている。それも「いかにも熱い想い」ではなく、奥の方で密かに燃え続ける小さな――しかし消えることのない――熾火《おきび》を思わせる熱さ（温かさ）なのだ。二楽章（アンダンテ・ソステヌート）がとりわけ素晴らしい。

デームスと仲の良いバドゥラ＝スコダも素敵な演奏を残している。とても丁寧に姿勢正しく弾かれたD９６０だ。一九六七年から七一年にかけて、彼はRCAのためにシューベルトのソナタ全曲を録音している。全集だからということもあり、色づけなしの「素」のシューベルトをきちんと弾き切ろうとしたのかもしれない。そのような姿勢は評価されるべきだが、そのぶん「パトスが足りないのでは」と感じるリスナーもいるかもしれない。

51〈下〉シューベルト　ピアノ・ソナタ第21番 変ロ長調 D960（遺作）

アルトゥール・ルービンシュタイン(Pf) Vic. LSC3122（1969年）
スヴャトスラフ・リヒテル(Pf) 日Vic. VIC-3057（1972年）
ルドルフ・ゼルキン(Pf) 日CBS SONY 25AC-20（1975年）
アルフレート・ブレンデル(Pf) Phil. 6747 175（1971年）BOX

ルービンシュタインはシューベルトのソナタの録音をこれ以外にまったく残していないが、「どうしてだろう？」と首をひねってしまうほど、これは刮目《かつもく》すべき見事な演奏だ。最初から最後まで、意識が音楽そのものにまっすぐ集中している。表現力も正確で、そしてまた華麗だ。しかしその華麗さは外観を飾るための華麗さではなく、内面から自ずと浮き上がってくる華麗さだ。ルービンシュタインの自伝を読むと、彼が自分の前半生の（天才故の）ちゃらんぽらんな生き方を悔やみ、徐々に音楽の内面追求へと向かっていく経緯がよく理解できる。なかなか素敵な老い方をした人だ。

リヒテルは、ルービンシュタインとは対照的に、シューベルト作品に積極的に取り組んだピアニストだが、この変ロ長調ソナタに限っていえば、いささか首を傾げざるを得ない。音を思い切り引っ張ったり縮めたりして抑揚をつけており、その味付けが濃過ぎて、聴いていてどうにも落ち着かないのだ。リヒテルは僕の愛好するピアニストだが（生で聴いた彼のブラームスの2番協奏曲は、僕の音楽観を変えてしまうくらい素晴らしい演奏だった）、時としてやりすぎることがある。デームスの後でこの演奏を聴いた人は、あるいは軽い目眩《めまい》を感じるかもしれない。もちろん「解釈の違い」と言ってしまえばそれまでなんだけど。

ルドルフ・ゼルキンの演奏はリヒテルとは逆に、頭から尻尾の先まで率直というか、朴訥《ぼくとつ》そのものだ。そこにはリヒテルの鋭い技巧もなく、ルービンシュ

タインの華麗さや余裕も見当たらない。しかしその骨身を削るような指遣いがなぜか切々と聴くものの心を打つ。この長大な曲を最初から最後まで飽きずに聴かせるのは、おそらくその誠実さがこちらにひしひしと伝わってくるからだろう。とはいえゼルキンの「変ロ長調」をしっかり聴き通すには、それなりのエネルギーが必要とされる（「ハンマークラヴィア」ソナタの演奏ほどではないにせよ）。

一九五三年二月、ウラジミール・ホロヴィッツはカーネギーホールのコンサートで「変ロ長調ソナタ」を弾き、それがレコード化されている。この時期のホロヴィッツらしく（全盛期だ）実に気迫に満ちた演奏ではあるけれど、僕が考えるシューベルトのピアノ音楽のあり方とは少しばかり輪郭が異なっているような気がする。

最後にもう一枚、アルフレート・ブレンデルの一九七一年の録音。実に中庸を得た見事な演奏だ。お手本のようというか、けちのつけようがない。ただ僕はなぜかブレンデルというピアニストが今ひとつ苦手で、どれだけうまく弾かれても、たとえほとんど完璧に弾かれても、もうひとつ心の芯にまで届かないところがある。理由はわからない。わからないので、どうしてだろうとつい聴いてしまうことになる。

52〈上〉リムスキー＝コルサコフ　交響組曲「シェエラザード」作品35

ピエール・モントゥー指揮 サンフランシスコ響 Vic. LM1002（1942年）
ユージン・オーマンディ指揮 フィラデルフィア管 Col. ML4089（1947年）
トマス・ビーチャム指揮 ロイヤル・フィル Angel 35505（1957年）
ロヴロ・フォン・マタチッチ指揮 フィルハーモニア管 Angel S35767（1958年）

「シェエラザード」も知らないうちにレコード棚に溜まってしまったブツのひとつだ。たぶん素敵なジャケット・デザインのものが多いからだろう。なにも「シェエラザード」のレコードをいっぱい集めようと思ったわけではないのだが、ついジャケ買いしてしまう。そんなわけで取り上げるレコードの数が多く、二度に分けます。まずは古い時代の録音のものから。「シェエラザード」のような派手な演奏効果を持つ音楽は、最新録音でスペクタキュラーに聴きたいという方はきっと多いと思う。でもそういう音楽こそ古い録音（もちろんモノラル）でじんわり地味に慈《いつく》しもうじゃないか、というのが旧盤マニアの正道だ。

この、モントゥーがサンフランシスコ交響楽団を指揮した旧盤なんて、まさにその典型です。一九四二年録音とあるから、日米開戦直後のことで、もちろんＳＰ盤だ。モントゥーはその後、一九五七年にロンドン響を振ってステレオ盤を出しているが、いや、この古いＲＣＡ盤があれば十分ではないか。演奏も録音効果なんて考えることなく音楽性一筋、平常心で繰り広げられている。あざとさのない素敵な演奏だ。

オーマンディはその生涯に全部で四回この曲を録音しているが、これが最初のもの。とはいえ既にＬＰ時代に入っており、音質はモントゥーより「近代化」している。オーマンディの演奏の特色は、音に豊かな表情を持たせることで、この時代からそのキャラは揺るぎなく確立されており、たとえモノラル録音であっても、フィラデルフィア的カラフルな音作りはたっぷり存分に味わう

ことができる。

それとは対照的に、英国紳士ビーチャムの演奏意図は、音に派手な表情をつけたりするよりは、曲本来の成り立ちをありのままに示すことの方に向かっている。かといって決して堅苦しいわけではなく、それなりにこなれた語り口だ。色を重ねた油絵ではなく、水彩画の淡く微妙な色遣いというところだろうか。至極感じの良い演奏で、きっとビーチャム好きの人には堪えられないだろう。ビーチャム好きの人が世間にどれくらいおられるのか、僕の知るところではないが。

マタチッチの「シェエラザード」? と違和感を感じる人はきっと多いだろう。どうしても「マタチッチといえば硬派、ブルックナー」みたいな印象があるから。でも一九五八年当時の彼は、指揮者としてはまだ駆け出しに近い状態で、レパートリーもしっかり定まってはいなかった。またクロアチアにおけるナチ協力者として長く活動を制限された境遇にあった。だからたぶん「これ、やって下さい」と与えられた仕事をせっせとこなしていたのだろう(あくまで想像)。でもこの「シェエラザード」、意外に様になっていて良いんです。頑張ってしっかり艶のある音を出している。それでいて硬派の匂いもそこそこ漂っている。

52〈下〉リムスキー＝コルサコフ　交響組曲「シェエラザード」作品35

アンタル・ドラティ指揮 ミネアポリス響 Mercury SR90195（1960年）
フリッツ・ライナー指揮 シカゴ響 Chesky RC4（1960年）
レオポルド・ストコフスキー指揮 ロンドン響 London SPC21005（1964年）
小澤征爾指揮 シカゴ響 Angel SFO36034（1969年）
ユージン・オーマンディ指揮 フィラデルフィア管 RCA ARL1-0028（1972年）

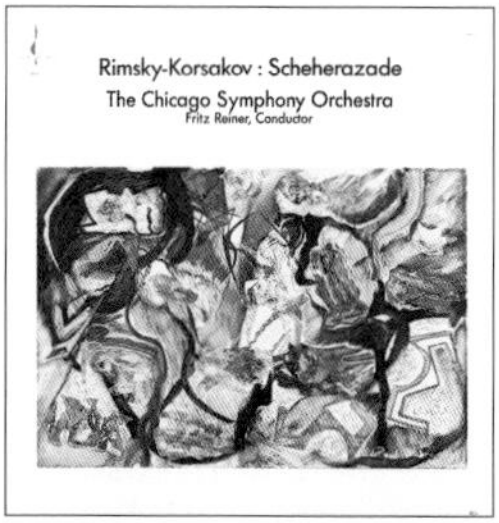

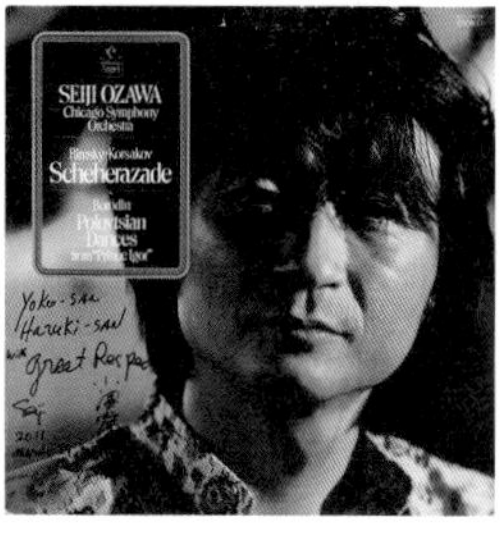

一九六〇年代に入るとレコード業界はステレオ時代に突入しており、特に「シェエラザード」のような色彩豊かな楽曲では、音響的にどれだけスペクタキュラーにやれるかという勝負になってくる。そして結果的にストコフスキーやオーマンディなんかの音響効果を意識した新盤が、その時代のひとつの定番になっていく。

ドラティの演奏もしっかりドラマチック方向に振れたものになっている。いかにも身振りが大きく、「これでもか」という皮相的な節回しが目に（耳に）付く。時代的なものもあったのだろうが、後年ハイドンを演奏するドラティからはちょっと想像しにくい演奏だ。

ライナー盤はRCAのマスターテープを、Cheskyというニューヨークにマスタリング・スタジオを持つ小さなレコード会社が、ライセンス生産で新たにLP化したもので、音質は優れている。大柄で骨太な演奏だ。小細工は抜きの直球勝負。それが結果として立体的なステレオ録音になっているだけ。ただし音色の派手さにおいては、ストコフスキーやオーマンディに一歩遅れを取っており、あるいはそのぶん商業的インパクトが弱かったかもしれない。

ストコフスキーの演奏を今の耳で聴き返すと、かなり「芝居がかっている」と感じてしまう。表情が豊かというか、人工的な要素が多すぎる。いくらストコフスキーにしても（というか）これはいささかやり過ぎじゃないか。しかし英デッカの「フェイズ4」録音という売りもあって、当時はかなり評判になっ

た。僕としてはこういうのちょっと勘弁してほしいと思うけど、まあ九十九セントで買えたから……。

ストコフスキーのこってり味の後で小澤征爾／シカゴ響を聴くと、そのままもさ、清涼さにホッとさせられる。オーケストラは同じシカゴ響で、やはり「直球勝負」体質だが、ライナーとの時よりは柔軟で艶やかな音が引き出されている。この時期の小澤征爾は音楽がまさに自然体だ。呼吸するのと同じくらい自然に、音楽が繋がりを持って次から次へと滑らかに湧き出てくる。

オーマンディ、この曲の四度目の吹き込み。レコード会社はコロムビアからRCAに移っている。音色は流麗そのものだが、味付けがけっこうしつこくなっており少しばかり胃にもたれる。同じ流麗でも、六二年の三度目に録音されたものの方がよりすっきりして、筋が通っていた（それでも過剰さがところどころ耳につくが）。

結局のところ「シェエラザード」が「コマーシャルな通俗曲」と一般に思われるようになった責任の一端は、ストコフスキーとオーマンディ二人にあるのではないか。べつに彼らを責めているわけではないけれど。

53) モーツァルト　ピアノ四重奏曲第1番 ト短調 K.478

クリフォード・カーゾン(Pf) アマデウスQメンバー London LL679 (1952年)
ピーター・ゼルキン(Pf) アレクサンダー・シュナイダー他 Van. SRV-284SD (1965年)
アルトゥール・ルービンシュタイン(Pf) ガルネリSQメンバー 日RCA RCV 2194 (1971年)
遠山慶子(Pf) ウィーンSQメンバー 日Camerata CMT-1503 (1982年)

モーツァルトはピアノ四重奏曲を二曲しかつくっていない。注文を受けて家庭での演奏用に作曲したのだが、「難しすぎる」と楽譜出版者に文句を言われ、それ以上はつくらなかった。残念なことだ。そんなわけでどのレコードも1番と2番のカップリングになっている。ただ1番はト短調なので、どうしてもこちらの方に目が（耳が）行ってしまうことになる。モーツァルトのト短調ものに僕は目が無いのだ。

カーゾン盤については「一九四四年吹き込み」と書かれているディスコグラフィーが多いが、アマデウスQが英国で結成されたのが一九四八年だから（第二次大戦中メンバー三人はオーストリア人として、英国内の収容所に入れられていた）、やはり一九五二年説をとる。何れにせよかなり昔の録音になるが、実にきりっとした凛々しい演奏だ。背筋がまっすぐ伸びている。古さを全く感じさせない。カーゾンとアマデウスQ（メンバー）の共演って、ひとつの理想の境地かもしれない。一度でいいから生の演奏を目の前で聴いてみたかった。もちろん叶わぬ相談だけど。しかしカーゾンって、小さい音の弾き方がほんとうにうまいです。音は小さいけれどしっかり耳に届く。

ピーター・ゼルキンはこの時まだ十七歳、実に若々しい。この臨時グループの中では、ブダペストSQのヴァイオリン奏者を長く務めたヴェテラン、アレクサンダー・シュナイダーがやはりリーダー格になるのだろうが、なんといってもピーター青年の瑞々しい感覚がこの演奏の得難い魅力になっている。偉大

なピアニストを父親に持つ重圧はもちろんあったはずだが、そんなものを感じさせない鋭敏で自由な演奏だ。時期的に見て、父ゼルキンの主宰するマールボロ音楽祭で編成されたグループではないかと推測される。このディスクは今では手に入りにくくなっているみたいで、ちょっと惜しいなあという気がする。素敵な演奏なのに。

ルービンシュタインはさすがに余裕綽々《しゃくしゃく》という風情で、この愛すべき四重奏曲を軽やかに弾ききっている。円熟した見事な演奏だ。ただおそらく録音のバランスのせいだろうが、他のディスクに比べて弦の主張が強く、いささか耳にうるさく感じられる。格から言っても、ルービンシュタインのピアノをもう少し前面に出して、はっきり主役にした方がよかったのではないか。その方がそれぞれの音がもっとうまく馴染んだのではないかという気がする。

それから録音がぐっと新しくなるが、ピアニスト遠山慶子が一九八二年にウィーンで、ウィーンSQのメンバーを得て吹き込んだもの。とても雰囲気が良いのであえて追加した。ピアノと弦が一体化し、実にのびやかで軽快な演奏が繰り広げられる。この四枚のディスクの中では最も「ウィーン風味」の強い、優雅にこなれた演奏になっている。

54）クライスラー　小品集

フリッツ・クライスラー（Vn） オコンネル指揮 RCAビクター響 Vic. LCT1049 （1945年）
ジノ・フランチェスカッティ（Vn）、アルトゥール・バルサム（Pf） Col. ML-5255 （1949年）
ユージン・フォドア（Vn）、スティーヴン・スウィディッシュ（Pf） Vic. ARLI-2365 （1977年）
イツァーク・パールマン（Vn）、サミュエル・サンダーズ（Pf） EMI 80239 （1975年）

名ヴァイオリニスト、フリッツ・クライスラーの作曲した愛すべき小品群を、作曲者自身が演奏した、いわば歴史的な価値を持つレコード。古い録音で、おそらくSPからの「板起こし」だろうが、それでも名手クライスラーのヴァイオリンの美声は余すところなく聴き取れるし、その歌い方もまことに華麗だ。この盤だけがオーケストラの伴奏付きで、それ以外のものはピアノの伴奏になる。

もちろん作曲者自身の演奏は貴重だが、ジノ・フランチェスカッティの持ち前の美声と楽天性も、決してクライスラーのそれらに負けてはいない。聴いていて、どちらがどちらか途中からわからなくなってしまうくらいだ。でもクライスラーって、ヴァイオリンの名手であっただけではなく、ほんとに素晴らしいメロディーメーカーだったんですね。聴いていて感心してしまう。そういえば昔の作曲者の多くは、ベートーヴェンやモーツァルトを始め、トップクラスの演奏家でもあった。クライスラーとラフマニノフはその系譜の最後の輝きみたいなものだったかもしれない。

ユージン・フォドアはチャイコフスキーの協奏曲の項でも紹介したが、今はもう忘れられてしまったヴァイオリニスト。当時は「ヴァイオリンのミック・ジャガー」と呼ばれる若手スター演奏家だった。さすが若いだけあって、前二者のような「春風駘蕩《しゅんぷうたいとう》」的なゆったりした演奏ではない。テクニックもしっかりと披露し、音の切れも良い。歌い方も鋭角的だ。それでいて妙にせかせかし

ないところが、この人の筋の良さだろう。そのままうまく大成できればよかったんだけどね……。

パールマンの演奏はいつ聴いても「良い音だなあ、上手だなあ」と感心してしまうが、正直なところ彼の演奏に感動させられたという記憶があまりない（あくまで個人的な好み、あるいは巡り合わせ？）。そしてこのクライスラー曲集も残念ながら似たような結果に終わった。世間の評判はとても良いみたいだけれど。

うちにあるのはCDなのでジャケットは紹介しなかったが、ヘンリク・シェリングの「クライスラー曲集」（マーキュリー）も素晴らしい出来だ。曲の持っている十九世紀末の「佳き時代」の空気を、現代にそのまま巧妙に移し替えている。古くさくもないし、かといってモダンすぎもしない。ちょうど良い頃合いに気持ちよくヴァイオリンが鳴っている。

楽器は異なるが、ヨーヨー・マがチェロで弾いたクライスラー曲集もとても心愉しいアルバムだった。きっと曲の明るさがマさんのキャラクターにうまく合っていたのだろう。聴いていて、心が自然に広がっていくようなのびやかな感触がある。

55）ラフマニノフ　交響曲第2番 ホ短調 作品27

ディミトリ・ミトロプーロス指揮 ミネアポリス響 Vic. LM-1068（1945年）
ユージン・オーマンディ指揮 フィラデルフィア管 独CBS 77345（1959年）
クルト・ザンデルリンク指揮 レニングラード・フィル Everest 3383/3（1956年）

近年になってじわじわと高まってきたラフマニノフの交響曲第2番。昔はそれほどポピュラーではなかったよな……と記憶しているのだけど、僕の思い違いだろうか？　この「第2番」、長すぎて冗長だという理由で過去においては短縮版が主に用いられたが、現在では全曲版が演奏されることが多い。人々は冗長さに慣れたのだろうか？

ギリシャの哲人指揮者ミトロプーロスが指揮するラフマニノフの2番交響曲は、「古典的」という表現がいかにも似つかわしい、とても姿勢正しいもので、現代の指揮者の多くがこの曲においてそうするように、細部をきっちりと詰めて、カラフルにダイナミックに（時には情緒たっぷりに）甘美な音楽を立ち上げていくというスタイルではない。あくまで率直に音楽を音楽そのものとして立ち上げ、まっすぐ流していく。当時の録音技術が細部の表情を明瞭には捉えきれなかった、という事情もあるかもしれない。だから現代のオーディエンスが普通に聴くと、スリルと色彩に乏しいと感じるところはあるだろう。しかしこの演奏の根幹にある、すらりとした背筋の伸び方には、なかなか心に届くものがある。俗情に流されず……という昔ながらの表現があるいは相応しいかも。レコード・ジャケットのモダニズムっぽいデザインも、この時期のRCAらしくて好感が持てる。

僕が日常的に愛好するこの曲の演奏は、ユージン・オーマンディが一九五九年にフィラデルフィア管を指揮して吹き込んだコロムビア盤で、今でもこのレ

コードをいちばんよくターンテーブルに載せるかもしれない。評価の高いプレヴィンとかラトルとかアシュケナージなんかのものより、どうしてオーマンディがいいのかと訊かれても説明に困るのだけれど、あざとさとか嫌みのない、言うなれば人格円満な演奏だ。オーマンディが後年再録したRCA盤（やはりフィラデルフィア）の演奏も悪くないけど、コロムビア盤の方がより音がしっくり落ち着いていると思う。コロムビアとRCAとでは録音方式が違うせいなのか、音が微妙に違ってくる。僕が持っているのはドイツCBSの三枚組ボックスセットだけど。

ザンデルリンク盤も三枚組のボックス・セット。一九五六年のソ連での録音で、僕の持っている米エヴェレスト盤は疑似ステレオになっている。ザンデルリンクはラフマニノフの交響曲を早いうちから積極的に評価し、取り上げていた人で、あるいはこれがレコード史上最初の「ラフマニノフ交響曲全集」になるかもしれない。「思想性が欠如している」とソビエト政府から批判を受け（それはまあそのとおりかもしれないが）、それまで評価の低かったラフマニノフの交響曲をあえて正面から取り上げた指揮者の反骨的な情熱が、隅々にまでしっかりと感じられる。特にアダージョは美しくて気品がある。録音状態はもうひとつ良くないが。

56〈上〉J・S・バッハ　二つのヴァイオリンのための協奏曲 ニ短調 BWV1043

オイストラフ父子(Vn) フランツ・コンヴィチュニー指揮 ゲヴァントハウス管 Eterna 825882 (1957年)

オイストラフ父子(Vn) グーセンズ指揮 ロイヤル・フィル Gram. 138 820 (1961年)

メニューイン+フェラス(Vn) メニューイン指揮 フェスティヴァル室内管 Capitol SG7210 (1958年)

アイザック・スターン+アレクサンダー・シュナイダー(Vn) パブロ・カザルス指揮 プラード祝祭管 Col. ML4351 (1950年)

二つのヴァイオリンのための協奏曲、二人のヴァイオリニストの組み合わせがひとつの売り物になる。

オイストラフ父子（ダヴィッドとイーゴリ）はまずは順当な顔合わせ、親子揃って一流のヴァイオリニストだ。息子のイーゴリは十六歳のとき、父親と共演したこの曲でコンサート・デビューを果たしており、二人にとっては記念すべき大事な曲でもある。

フランツ・コンヴィチュニーとの盤は一九五七年にベルリン国立歌劇場でおこなわれた録音。父子の呼吸もぴったりだし、ゲヴァントハウスの演奏も自然体で、聴きやすく手応えのある演奏になっている。ゆったりと流れていく大河の水面を眺めるがごとく、奏でられる音楽にうっとり聴き惚れているうちに時間が経ってしまう。それに比べると一九六一年のロンドン録音には、なにかしら落ち着きの良くない雰囲気が漂っている。録音のせいなのか、あるいは何かほかの不幸な理由によるものなのか（たとえば出された昼食がまずかったとか）、全体的に音色がぎすぎすして聴きづらい。どうしてだろう？　父オイストラフの持ち前の美音が十分にいかされておらず、残念だ。

メニューインの弾くバッハは優しく自然で、人間味に溢れている。たぶんそれはこの人の人となりなのだろう。そういう感じが聴き手にじわりと伝わってくる。第二ヴァイオリンがメニューインを敬愛するフェラスという贅沢な組み合わせ。メニューインは室内オーケストラの指揮も自分で受け持ちながら、

「バッハは学究的な音楽」という、それまでの世間一般の固定観念を優しく鮮やかに打ち壊していく。求道的というより人間的なバッハだ。

パブロ・カザルス主宰のプラード音楽祭における演奏の録音。スターンとシュナイダー（ブダペストSQ）がヴァイオリンを弾き、カザルスが臨時編成のオーケストラを指揮する。実況盤ではないが、なぜかほとんど残響のない録音で、二人のヴァイオリニストの演奏も、カザルスの指揮もずいぶん愛想なく聞こえる。聴いていて喉が渇いてきそうなくらい、からからに潤いを欠いた演奏だ。しかしこのレコードの裏面に入っている、同じスターンが演奏した「ヴァイオリンとオーボエの協奏曲」はなかなか聴き応えのある、心のこもった演奏になっている。同じ場所での同じ時期の録音のはずなのに、どうしてこれほど大きな音の違いが出てくるのか？　カザルスはずいぶん不思議な指揮者だ。実にぶっきらぼうで自分勝手で、聴くに耐えないものがあると思えば、ぴたっとツボにはまる演奏がある。もうひとつうまくその実体が捉えきれない。そんなわけで、僕はプラード音楽祭関連のレコードをずいぶん集めてしまった。

56〈下〉J・S・バッハ　二つのヴァイオリンのための協奏曲 ニ短調 BWV1043

ドゥヴィ・エルリャ＋メルケル(Vn) クルト・レーデル指揮 ミュンヘン・プロ・アルテ Tele. F-201 (1950年代半ば)
ロベルト・ミケルッチ＋フェリックス・アーヨ(Vn) イ・ムジチ合奏団 Phil. 412 324-1 (1958年)
ヘンリク・シェリング＋ペーター・リバール(Vn) シェリング指揮 ヴィンテルトゥール管 日Phil. X5550 (1965年)
ヘルマン・クレッバース＋テオ・オロフ(Vn) ヴィレム・ヴァン・オッテルロー指揮 ハーグ管 Fontana 895057 (1952年)
アンネ＝ゾフィー・ムター＋サルヴァトーレ・アッカルド(Vn) アッカルド指揮 イギリス室内管 Angel ASD 1435201 (1982年)

ドゥヴィ・エルリャはフランス人のヴァイオリニストだが、音にしっかりと張りがある。クルト・レーデルが指揮するミュンヘン・プロ・アルテ室内管弦楽団もそれを正面から受け止め、てらいのないまっすぐなバッハの音楽になっている。「正しいバッハ」というと誤解を招きそうだが、なんだかついそう言いたくなってくる演奏だ。エルリの演奏するハチャトゥリアンの協奏曲は聴き応えがあったが、バッハのこの演奏も劣らず素晴らしい。おそらくは一九五〇年代半ばの録音だろう。相方のヴァイオリンはやはりフランス人のアンリ・メルケルだが、フランス風味らしきものはほとんど感じられない。

イ・ムジチ合奏団の二人のスター、ロベルト・ミケルッチとフェリックス・アーヨがヴァイオリンを受け持つ。フェリックス・アーヨは一九六二年から六七年まで、ミケルッチはそのあとを継いで七二年までイ・ムジチのコンマスを務めた。新旧最強のコンビだ。そこに絹糸のごとく滑らかな全盛期のイ・ムジチの弦が絡むのだから、出来の悪かろうはずはない。明るいイタリア風味が適度に効いている。滑らかすぎると文句を言う人はいるかもしれないが。

ヘンリク・シェリングが、スイスのヴィンテルトゥール音楽院管弦楽団の名コンサート・マスター、ペーター・リバールと組んだ演奏。比較的地味な組み合わせだが、実に美しく節度のある演奏が繰り広げられる。辛口にも傾かず、甘口にも流れず、足りないものはなく、余計なものもなく、ちょうど良い具合のバッハの音楽世界だ。派手さには欠けるかもしれないが、この曲にこれ以上

の何を求めればいいのか？

コンセルトヘボウの伝説的コンマス、ヘルマン・クレッバースと、ハーグ管弦楽団のコンマス、テオ・オロフの組んだ演奏は、一九五二年というかなり古い時代の録音にもかかわらず、とてもシンプルで率直な音作りで、現代の古楽演奏の到来を予期させるような、新鮮な出来映えになっている。二人とも一般的に名を知られたスター・ソリストではないので、数ある有名盤の陰に隠れてつい見逃されがちだが、一聴の価値はあると思う。妙な色づけみたいなものがなく、静かに心に残るタイプの演奏だ。

時代はぐっと下って、アンネ＝ゾフィー・ムターとサルヴァトーレ・アッカルドという二人の優れたヴァイオリニストの共演（いささか意外な顔合わせだが）。これもまたイ・ムジチと同じように、明るい方向を目指したバッハだ（ちなみにアッカルドもミケルッチのあと、イ・ムジチのコンマスをしばらく務めていた）。ムターもアッカルドも、どちらも美音を奏でる演奏者であり、とくにアッカルドはパガニーニのスペシャリストだから、歌うことを決して恐れない。そういう意味ではずいぶん割り切られたバッハだ。バッハ原理主義者や古楽器演奏愛好者には向かないかもしれないが、ここにあるのはあくまで爽やかでチャーミングな音楽だ。

57）ストラヴィンスキー　「兵士の物語」

レナード・バーンスタイン指揮 ボストン響メンバー Vic. LM-1078（1947年）
ジョン・カレウィ指揮 ロンドン響の室内グループ Everest LPBR-6017（1959年）
レオポルド・ストコフスキー指揮 器楽アンサンブル 日Van. K18C 8519（1967年）
ボストン響室内楽演奏者たち Gram. 2530609（1975年）

七人の器楽奏者と三人の役者によって演奏される劇音楽「兵士の物語」。編成が簡素なのは、第一次世界大戦の終わった直後に初演されたため、十分な数の演奏者を集めるのがむずかしかったからだ。またそれに加えて、与えられた予算も限られており、ストラヴィンスキーはその金額に合わせて、できるだけ少人数で演奏できる曲を作らなくてはならなかったという事情もある。でも結果的に、限られた数のユニークな楽器のコンビネーション——編成としてはかなりジャズバンドに近い——がとても面白い、アヴァンギャルドな効果を生んでいる。バーンスタインとカレウィの盤は、語りを省いた組曲版。ストコフスキーとボストン・グループの盤は語りの入った全曲版だ。前者は仏語オリジナル、後者は英訳テキスト。

バーンスタイン盤は一九四七年の録音、バーンスタインのおこなった最も初期の録音のひとつだろう。録音はボストン郊外のタングルウッド音楽祭の会場で（実況ではなく）おこなわれたようだ。もちろんモノラル録音だが、音の動きがきびきびとして、全体の構成が「視覚的に」と表現してもいいくらい鮮やかに把握できる演奏になっている。何よりリズムの感覚が一貫して素晴らしい。軽やかで、楽しく聴き通すことができる。ジャケットもとてもシンプルで、この素っ気なさになぜか好感が持てる。

一方、ジョン・カレウィ（英国人の作曲家、現代音楽の指揮を得意とする）の演奏はバーンスタイン盤に比べると、「同じ曲とは思えない」というくらい

じっくり腰を据えた音楽になっている。そのぶん「現代音楽」……という雰囲気がいくぶん色濃くなる。続けて聴き比べると、バーンスタインはやはりなんといってもポップでヒップだ。カレウィ盤のジャケットは、エヴェレスト・レコードお得意の「まんまイメージ再現」写真シリーズ。どう見てもスマートとは言い難いが、いつもながらほほえましい。

ストコフスキーがこの録音をおこなったのは八十五歳のときだが、実に矍鑠《かくしやく》とした鋭敏な指揮ぶりで、「すごいなあ」と聴き惚れてしまう。ストコフスキーはこの「兵士の物語」を長年にわたって得意なレパートリーとしていたようで、LP両面にわたる長い全曲版を飽きずに聴かせる。クリアの極致ともいうべき録音の素晴らしさも特筆されるべきだろう。

ボストン交響楽団の腕利きメンバー（リーダーはコンマスのシルヴァースタイン）による演奏は、きびきびとしてシャープだ。聴き応えがある。またドイツ・グラモフォンのチームがアメリカまで出張して受け持った録音も、ストコフスキー盤に劣らず見事だ。どちらもアナログ録音だが、実に鮮明きわまりない。

58〈上〉デ・ファリア　「スペインの庭の夜」

アリシア・デ・ラローチャ(Pf) ヘスス・アランバリ指揮 マドリッド·コンサート管 Erato STU 70092 (1961年)
アリシア・デ・ラローチャ(Pf) セルジュ・コミッショーナ指揮 スイス・ロマンド管 日London K18C 9151 (1970年)
エドゥアルド・デル・プエヨ(Pf) ジャン・マルティノン指揮 ラムルー管 Phil. S04028L (1955年)
ホアキン・アチューカロ(Pf) エドゥアルド・マータ指揮 ロンドン響 RCA RL31329 (1978年)

「ピアノと管弦楽のための交響的インプレッション」という、わかったようなわからないような副題がついているが、要するに情景描写的な要素を持つ、自由な形式のピアノ協奏曲だ。スペインの作曲家デ・ファリアの代表作のひとつ。スペイン情緒が横溢《おういつ》しているが、フランス印象派の影響も色濃い。何故かこの曲、レコードがうちにけっこうたくさんあり（知らないうちに溜まってしまった）、スペイン出身のピアニストとスペイン以外のピアニストの二回に分ける。まずスペイン編。

スペイン人の才媛ピアニスト、デ・ラローチャはこの曲を得意としているだけあって、わかっているだけで四度レコーディングをおこなっており、うちにあるのは表記した二枚のLPと、フリューベック・デ・ブルゴスと組んだCD（ロンドン・フィル）。その三枚をあらためて聴き比べてみたのだが、どれも「甲乙つけがたくうまい」というのが偽らざる感想で、「べつにわざわざ何度も吹き込み直す必要もないのに」とさえ思ってしまう。まあキャリアも長かったし、レコード会社側の事情もあるのだろうが。その中からあえて一枚選ぶなら、音的に最もブリリアントな一九八三年録音のデ・ブルゴス盤になるかもしれない。この曲はやはり音の響きがものを言うから。とはいえ、オール・スペインのキャストで臨んだ初期のエラート盤も、ローカル色が前面に出ていて、カラフルで面白い。指揮のアランバリはバスク出身のスペイン人。作曲家でもある。ラローチャのピアノは美しいが控え目、オーケストラにきれいに溶け込んで色

彩豊かな音楽世界を描き上げる。

　エドゥアルド・デル・プエヨとジャン・マルティノンの演奏は、この中では最も古い録音になる。デル・プエヨというピアニストのことはよく知らなかったが、「スペイン生まれのベートーヴェン弾き」として名を馳《は》せた人らしい。このレコードで聴く限り、確かな技術と洗練された感覚を持った優れた演奏家だ。指使いにフラメンコ・ギター風の響きみたいなものも聴き取れ、スペイン情緒も全体に色濃く醸し出される。マルティノンの指揮も品良く情景を描き、要を得て盛り上がる。

　アチューカロはバスク地方出身のピアニスト、スペイン音楽を主なレパートリーとしている。この人のピアノも初めて聴いたが、最初の一音からその新鮮な響きにはっとさせられる。とくに「スペイン情緒」が意識されているわけではなさそうだが、ポーランド出身のショパン弾きと同じように、体質から自然ににじみ出てくるカラーのようなものがあるのだろう。とにかくその響きが素晴らしい。メキシコ出身の指揮者マータもそれに負けず充実した音を出している。イタリアＲＣＡ制作のレコードだが、録音も優秀だ。

58〈下〉デ・ファリア 「スペインの庭の夜」

アルトゥール・ルービンシュタイン(Pf) ユージン・オーマンディ指揮 フィラデルフィア管 Vic. LSC3165（1969年）
クリフォード・カーゾン(Pf) エンリケ・ホルダ指揮 ニュー・シンフォニー管 London LLP445（1952年）
マルグリット・ウェーバー(Pf) ラファエル・クーベリック指揮 バイエルン放送響 Gram. 139116（1965年）

ルービンシュタインもこの曲を得意なレパートリーとしている。オーマンディ盤の前に、ウォーレンシュタインが指揮したものと、エンリケ・ホルダが指揮したものがあり、これらの盤の評価はかなり高かったと記憶している。

ここでルービンシュタインは、他のピアニストとは少し違う独特な音の響かせ方をする。カラフルで官能的な音だ。それは「スペイン情緒」というよりはむしろ、「ルービンシュタイン情緒」とでも呼ぶべきものかもしれない。しかしいずれにせよ優れて感覚的なものだ。そこに絡むオーマンディの指揮するフィラデルフィア管弦楽団もまた、カラフルさにおいてはひけをとらない。そしてそつなく聴かせどころを心得ている。

英国人、クリフォード・カーゾンはいつも通り（というか）、折り目正しく姿勢の良い演奏を繰り広げる。スペイン情緒からはかなり遠く離れているが、本人も聴き手もそんなことはとくに気にしない（と思う）。指揮者のエンリケ・ホルダはスペイン人だが、その音楽は姿勢正しいというか、いささか古風に聞こえるかもしれない。とにかく官能性みたいなものは見事に皆無。こういう「スペインの庭の夜」も世の中にひとつくらいあっていいのではないかと僕は思うが、一般的リスナーに「これは是非お勧めです」と差し出すのはいささか気が引ける。この曲にはやはりもう少し艶っぽいものが必要になるだろう。

マルグリット・ウェーバーはスイス出身の女性ピアニスト、クーベリックはチェコ出身、オケはドイツのバイエルンと、スペインとは地理的関係をほとん

ど持たない顔合わせだ。しかしウェーバーのピアノは慌てず騒がず、確かな説得力をもってこの曲の世界を描きあげる。スペイン情緒とまではいかずとも（彼女のピアノの響きは僕にどうしても、彼女の演奏で聴き慣れたラフマニノフの「パガニーニ狂詩曲」を思い出させてしまうのだ）、スペイン風味に不足はない。クーベリックの指揮ははっとさせるような鋭さには欠けるものの、どこまでも堅実だ。

ここに挙げた七枚の「スペインの庭の夜」、どれもそれぞれに優れた、聴き所のある演奏だが、その中で僕がもっとも個人的に心を惹かれたのは、個性的なアチューカロの盤だ。

59) モーツァルト　弦楽五重奏曲第4番 ト短調 K.516

ブダペストSQ+ミルトン・カティムズ(Va) Col. ML-4469 (1951年)
ブダペストSQ+ウォルター・トランプラー(Va) 日CBS SONY 23AC598 (1966年)
ヤッシャ・ハイフェッツ(Va)+ピアティゴルスキー・グループ Vic. LSC-2738 (1964年)
スメタナSQ+ヨゼフ・スーク(Va) 日DENON OX-7089 (1976年)

「モーツァルトのト短調」の魅力が横溢《おういつ》する室内楽曲の至宝。何度聴いても聴き飽きない。

ブダペストSQはSP時代に一度（一九四二年）モノラルLP時代に二度（一九五一年と一九五七年）、ステレオ時代に一度（一九六六年）、計四回モーツァルトの「弦楽五重奏曲」K.516の録音をしているが（レコード会社はすべてコロムビア）、最初の二回はミルトン・カティムズと、あとの二回はウォルター・トランプラーをヴィオラ奏者に迎えている。その中では最後のステレオ録音のものがいちばん名高く、それ以外のブダペストSQのK.516を耳にする機会は、今ではほとんどないみたいだ。

でもこのカティムズ盤（と仮に呼ぶ）はなかなか聴き応えがある。実にきりっとしていて、無駄なところが見当たらない。ステレオのトランプラー盤の持つふくよかな重層性には欠けるかもしれないが、一途にストレートな姿勢にその時代のアメリカ的即物主義的な潔さみたいなものが感じとれて、僕はけっこう気に入っている。この時代のものにしては録音も優れている。

カティムズはヴィオラ奏者で、NBC交響楽団の首席ヴィオラ奏者となり（前任者はウィリアム・プリムローズ）、そこでトスカニーニの助手を務めた（ずいぶん鍛えられたことだろう）。その後二十二年間にわたってシアトル交響楽団の音楽監督を務めている。

一九六〇年代前半、ハイフェッツとチェロのピアティゴルスキーは、親しい

音楽家を集めてしばしば室内楽曲のコンサートを催したが、このRCA盤もそのひとつ。イスラエル・ベイカー（ヴァイオリン）とプリムローズ（ヴィオラ）を加えたゴージャスなメンバーで、モーツァルトの「弦楽五重奏曲ト短調」を演奏している。ブダペストの場合とは違って、寄せ集めの「一晩限り」のグループであり、安定性にはいくぶん欠けるかもしれないが、そこには親しい仲間が集まって「合わせもの」を演奏する喜びみたいなものが横溢しており、常設グループとは一味違う種類の勢いが感じられる。ハイフェッツを始めとして、個々の楽器の鳴り具合もさすがに素晴らしい。

比較的新しいところでは（といっても一九七六年だけど）、スメタナSQがヨゼフ・スークをファースト・ヴィオラとして迎えた贅沢なグループの演奏が素晴らしかった。スークが一人加わるだけで、全体の音がぐっと重みと説得力を持ち、味わい深いものになる。録音も鮮明で、弦の音がしっとりと美しい。ただこのレコードを「愛聴盤」とするには、何かが足りないという気はする。それはたぶん「思い入れ」の入り込む余地みたいなものなのだろう。しかしこのレコードが百円というのはいくらなんでも安すぎないか。

60〈上〉バルトーク　管弦楽のための協奏曲（ハンガリー指揮者編）

ジョージ・セル指揮 クリーヴランド管 日CBS SONY 13AC-802（1965年）
ゲオルグ・ショルティ指揮 ロンドン響 Dec. SXL-6212（1965年）
フリッツ・ライナー指揮 シカゴ響 Vic. LSC-1934（1955年）
フェレンツ・フリッチャイ指揮 ベルリン放送響 Gram. 18377（1957年）

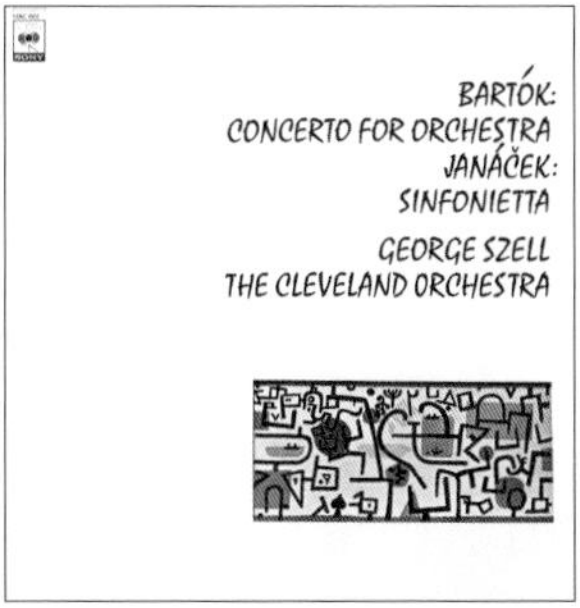

こうしてみると、ハンガリー出身の名指揮者って数が多いんだなと、あらためて感心させられる。まだ他にオーマンディとかドラティなんかもいるわけだから。

とにかくハンガリーの国民的作曲家バルトークの代表作のひとつである「管弦楽のための協奏曲」、ハンガリー出身の指揮者編（ホーム）と、それ以外の指揮者編（アウェイ）の二回にわけて紹介する。まずはご当地ハンガリー編。

ジョージ・セル／クリーヴランド盤は一言でいえば「ノー・ナンセンス」の演奏だ。細部まできりきりとネジが締められている。ギミックみたいなものは一切なし。いくぶん堅苦しいところはあるが、さすがに「本場物」だけあって音に一本筋が通っている。土着性とまではいかないが、そこにある民族的物語性（それはバルトークが大切にしたものだろう）みたいなものはかなり明瞭に感じ取れる。

ショルティ／ロンドン響の演奏はセル以上にハードで鋭角的だ。無駄なものは一切省かれている。まさに極北の音楽。ハンガリー出身の指揮者はこの曲に向かうと、みんなかなり真剣に血が騒ぐみたいだ。ただあまりに気合いが入りすぎて、聴いている方も緊張を強いられる。もちろん個人の好みもあるだろうが、もう少しくらい寛容性があってもいいのではないか。たしかに立派な演奏だとは思うのだけれど、座右の愛聴盤にするのはちょっとむずかしいかもしれない。それに加えて録音もかなり硬質だ。

シカゴ響を振る硬派ライナーも、熱さでは負けてはいない。しかし剛速球一本という演奏ではなく、微妙なギアの上げ下げによって、音楽を巧妙に活性化させていく。シカゴ交響楽団がその指揮を受けて奏でる音は、まことに力強く、そして緻密だ。たるみのない張り詰めた演奏だが、それが聴き手に疲弊を強いることはない。録音もその微妙な表情の変化をよく捉えている。ごく初期のステレオ録音だが、Living Stereo の質は高い。名演奏、名盤だと思う。

フリッチャイの録音デートはライナーの二年ほどあとになるが、なぜかまだモノラルだ。フリッチャイは自分の音と自分の流れを大事にする指揮者だ。彼の演奏には前三者の同国人ほどの民族的熱気は感じられないが、ほどよい個人性が一本しっかり貫かれている。ところどころちょっとしたユーモアさえ感じられる。僕はこういううまく肩の力の抜けた、でも芯の通った気取りのない演奏は個人的に好きだが、なにせモノラルだし、派手な音響効果も期待できないし、まあ一般受けはしないかも。

ボストン交響楽団の常任指揮者であったクーセヴィッツキーが、ハンガリーからアメリカに亡命してきたばかりのバルトークに作曲を依頼した。バルトークは当時経済的に困窮しており、この依頼を受けて発奮し、体調を崩していたにもかかわらず、たった二ヶ月でこの曲の作曲を終えたという。「管弦楽のための協奏曲」は一九四四年にボストンで初演され、大きな成功を収めた。

60〈下〉バルトーク　管弦楽のための協奏曲（非ハンガリー系指揮者編）

ヘルベルト・フォン・カラヤン指揮 ベルリン・フィル Gram. 139003（1965年）
ラファエル・クーベリック指揮 ボストン響 Gram. 2630 409（1973年）
レオポルド・ストコフスキー指揮 ヒューストン響 日コロムビア OW-7699（1960年）
小澤征爾指揮 シカゴ響 日Angel AA-8596（1969年）

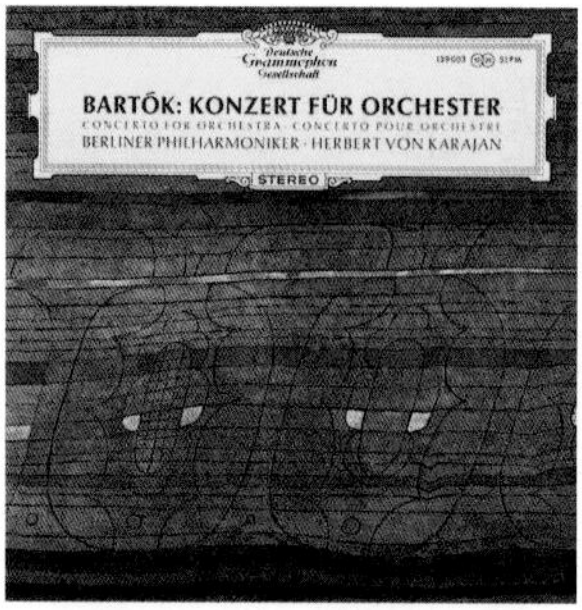

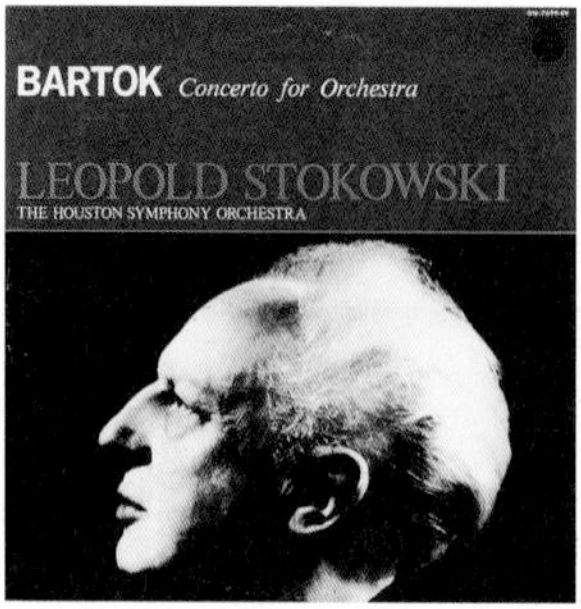

ストコフスキーはポーランド生まれ、小澤征爾は日本生まれ、クーベリックはチェコ出身、カラヤンはドイツ。

まず「うーん、さすが、非ハンガリー系」と妙に感じ入ってしまうのがカラヤン盤。音楽にも土着性がほぼ皆無で、「これがあのオケコンか」と驚嘆する。どんなものでも強力カラヤン・マシーンにかけられると、ぱりっとスマートなテーラーメイドに仕上がってしまう。とにかく聴きやすさは天下一品だ。カラヤンという人は、ひとつの曲に対する自分のイメージを堅く持って、それを遺漏なく疑念なく妥協なく音として現出させる。良くも悪くも大した能力だと感心してしまう。

それに比べるとクーベリックの演奏はいつもながら穏健で丁寧で生真面目。細部まで目が行き届き、ボストン交響楽団の繊細な美質が上手に引き出されている。エゴイスティックなところもなく、ひたすら好感の持てる演奏だ。ただいささか上品に過ぎて、この曲が本来持っているバルトーク音楽特有の切迫性や、泥臭さみたいなものは、カラヤンの場合と同様もうひとつ肌身に伝わってこなくて、聴き手によってはそのへんに不満が残るかもしれない。とても感じは良いんだけど。

ストコフスキー盤。彼がヒューストン交響楽団の常任指揮者を務めていた時代に吹き込まれたようだ。耳にする機会のあまりない楽団だが、おそらく指揮者にみっちり鍛えられたのだろう、演奏の質は高い（独奏楽器が時折薄く聞こ

えるにせよ）。泥臭さみたいなものはやはりあまり感じられないが、ある種の切迫性は十分伝わってくる。そして音楽に独特の深みがある。よくまとめられているが、型に収まってはいない。内発的な力が感じられる。ストコフスキー音楽の「良い場合」の特徴だ。日本コロムビアの出している国内盤だが（米エヴェレスト原盤）、録音も優れている。

小澤征爾。言うまでもなく日本出身の指揮者だから、バルトークのみならず、取り上げるほぼすべての楽曲が地理的に、また文化的に「アウェイ」になってしまう。それは彼の不利な点でもあり、また同時に強みでもある。しかしこの「オケコン」に関しては、その演奏は見事だ。ボストン交響楽団の音楽監督に就任する以前の録音で、シカゴ交響楽団を指揮しているが、この手強いオーケストラから実に表情豊かかな、説得力のある音楽を引き出している。バルトーク音楽特有の切込みするどく率直な要素が、演奏の根幹に据えられている。しかしその音楽はどこまでも人間的で、決してギスギスしたものにはならない。

小澤は二〇〇四年にサイトウ・キネンを振ってこの曲を録音しているが（松本でのライブCD）、三十五年の歳月を経てその解釈はより深みあるものになっている。バルトーク音楽のミステリアスな部分がより強調され、聴き手を考え込ませる。円熟というものだろう。しかしシカゴ響との「自然児的快演」が、新録によって色褪せるわけでは決してない。

61) J・S・バッハ　管弦楽組曲第2番 ロ短調 BWV1067

エドゥアルド・ファン・ベイヌム指揮 コンセルトヘボウ管 Phil. A00351 (1955年)
アントニオ・ヤニグロ指揮 ザグレブ室内合奏団 日Vic. RA2015 (1960年)
カール・シューリヒト指揮 シュトゥットガルト放送管 Galantie MMS2231 (1961年)
エドモンド・デ・シュトウツ指揮 チューリッヒ室内管 Amadeo AVRS 206 (1969年)

僕が最初にこの曲を聴いたのは、パイヤール室内管弦楽団のエラート盤で、フルートはジャン゠ピエール・ランパルだった。とても心地よい滑らかな演奏で、心を打たれた。そして次にリヒター盤を聴いたときにはその謹厳さにびっくりしたものだ。まるで太陽と北風みたいに音楽の印象が違っていたから。どちらの演奏も有名だから今回はあえて遠慮していただき、ちょっと渋い目のLP四枚で「組曲2番」を聴いてみる。

ベイヌムの演奏は、古楽器演奏に慣れた今の耳で聴くとかなり古風に感じられる。年老いた上品なご婦人のように、優しく優雅で控えめなバッハだ。何があっても決して慌てふためいたりはしない。コンセルトヘボウ楽団（それほど大編成ではなさそうだ）の少しくぐもった音がよく似合っている。こういうスタイルも全然悪くないと僕は思うけど。フルートは首席奏者のフーベルト・バルワーザー。

ヤニグロはイタリア人で本職はチェリストだが、ザグレブ室内合奏団の指揮者としても活躍した（チェロを弾きながら指揮したのだろうか?）。ソリストはパイヤール盤にも入っていたランパルと、ヴェイロン゠ラクロワ。しかしパイヤール盤とはずいぶん雰囲気が違う。エコーが薄くかかったようなエラート録音と比べると、全体的に音がとても簡素でさっぱりしている。小編成オーケストラの親密な美質がじわじわと、誤魔化しなくこちらに伝わってくる。そして現在の同種のオーケストラのように、オリジナル楽器音をひけらかす（とい

うと表現がよくないか）こともない。こうして聴くと、ランパルのフルートってやっぱりいいなあと、改めて思う。難しい言葉を使わずに的確な深い文章を書く作家みたいだ。

がらりと打って変わって、大編成オーケストラを指揮するカール・シューリヒトのバッハ。最近はこういう形式の演奏をぱったり聴かなくなった。「化石状態」というか、時代遅れになってしまったのだろう。しかしさすがにシューリヒト、年の功というか、聴かせどころをしっかり心得て外さない。派手な要素はないが、いったん聴き出すと、感心して「うーむ」と聴き入ってしまう。きれいに背筋の伸びた演奏だ。独奏者は不明。

ジャケットにフリードリヒ・グルダの写真が大きく出ているので、ひょっとしてグルダが指揮しているのかと思ってレコードを買ったのだが、彼は「イタリア協奏曲」を一人で弾いているだけで、「組曲2番」には参加していない。しかしシュトウツという人が指揮するチューリッヒ室内管は、なかなかチャーミングなバッハを聴かせてくれる。シュトウツはチューリッヒ出身のスイス人指揮者で、一九四五年にこの室内管弦楽団を創設した。音作りはパイヤール室内管に近く、一九六〇年代古楽の懐かしい響きだ。フルート独奏はアンドレ・ジョネ。とても滑らかな音を出している。好感の持てる演奏だ。

62) プロコフィエフ　組曲「キージェ中尉」作品60

エーリッヒ・ラインスドルフ指揮 ボストン響 D・クラトワーシー(Br) Vic. LSC-3061 (1968年)
エイドリアン・ボールト指揮 パリ音楽院管 London GM-9142 (1955年)
フリッツ・ライナー指揮 シカゴ響 Vic. LSC-2150 (1957年)
マルコム・サージェント指揮 ロンドン響 Everest 3054 (1959年)
ユージン・オーマンディ指揮 フィラデルフィア管 RCA ARL1-1325 (1976年)
アンドレ・プレヴィン指揮 ロンドン響 Angel AM-34711 (1985年)

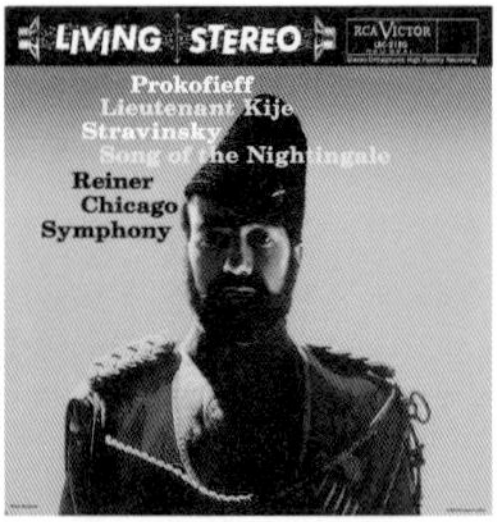

僕がこの曲を好きになったのは、ラインスドルフ盤を聴いてからだった。エーリッヒ・ラインスドルフという人は、ボストン交響楽団の常任指揮者を長くやっていたわりに、「華がない」というか、世間の評価がそれほど高くなかった人だが、時々思いも寄らぬところで「これは」と感心する演奏に行き当たる。(そういうのもなかなか悪くない人生の航跡かもしれないが)。この「キージェ中尉」も僕にとってはそういうレコードだった。またこのレコードにはバリトンの歌唱が入っていて、これがなかなかカッコよくて素敵だ。この演奏以外に歌唱入りの「キージェ中尉」というと、小澤征爾(ベルリン・フィル)の盤しか知らない。

ただこのラインスドルフ盤にいったん耳が慣れてしまうと、他の「キージェ中尉」が今ひとつしっくりこない。ボールトの演奏はいささかぶっきら棒に聞こえるし、ライナーの演奏は全体的に色付けが濃く聞こえる。もともとこの曲は実在しないロシアの英雄、キージェ中尉の一生を描いた映画のために書かれたもので、いちおうそのストーリーを追っているわけだが、表現があまり情景描写的になると、かえって面白みが薄れてしまうきらいがある。サージェントの演奏もまったく悪くないのだが、途中からなんとなく「昔々あるところに……」っぽくなる。

ユージン・オーマンディ/フィラデルフィア盤は、同じようにお話っぽくなっても、さすがに話が上手い。つい聴き惚れてしまう。録音も素晴らしい。ク

ラウディオ・アバド／ロンドン交響楽団の演奏はきわめてドラマチックで、諧謔的要素はほとんど取っ払われ、まるで別の曲みたいに壮大に聞こえる。オーケストラもフルに鳴り響いている（ジャケットの写真は３１５Ｐを参照してください）。アンドレ・プレヴィン／ロンドン交響楽団の盤も指揮技術の限りを尽くした、目覚ましくカラフルな演奏だ。よくまとまっていて、嫌味がない。しかし素朴さみたいなものは求めがたい。

そういういろんな人の演奏を一通り聞いた後、僕としてはやはりラインスドルフ盤を手に取り、ターンテーブルに載せたくなる。そこには巧まざる自然な諧謔精神と、ノスタルジックな心優しさが含まれているからだ。どこからどうやってそういう特別なもの（something else）が生まれるのか？ 僕にはわからない。しかしこのレコードを褒めている人を、僕は僕自身以外に一人も知らない。どうしてだろう？

ちなみに歌手スティングは第二曲「ロマンス」をもとにして「ラッシアンズ」という曲を書いている。ウェス・アンダーソン監督は映画「犬ヶ島」の中で犬の行進の背景音楽に、第三曲「結婚式」のメロディーを使っていた。映画に向いた音楽なのだろうか？

63）モーツァルト　ピアノ協奏曲第20番 ニ短調 K.466

フィリップ・アントルモン(Pf) ジャン・アントルモン指揮 フランクフルト響 Orpheus MMS 2149（1957年）
クララ・ハスキル(Pf) ヘンリー・スヴォボダ指揮 ヴィンタートゥール響 West. XWN 18380（1950年）
ルドルフ・ゼルキン(Pf) ジョージ・セル指揮 コロムビア響 日CBS SONY SOCL250（1962年）

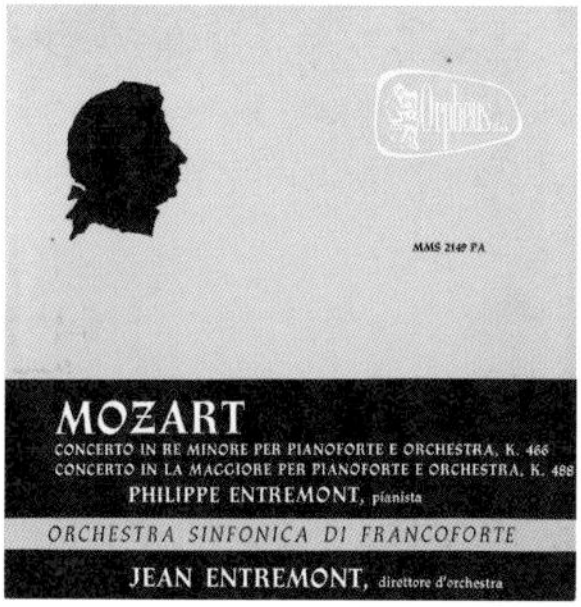

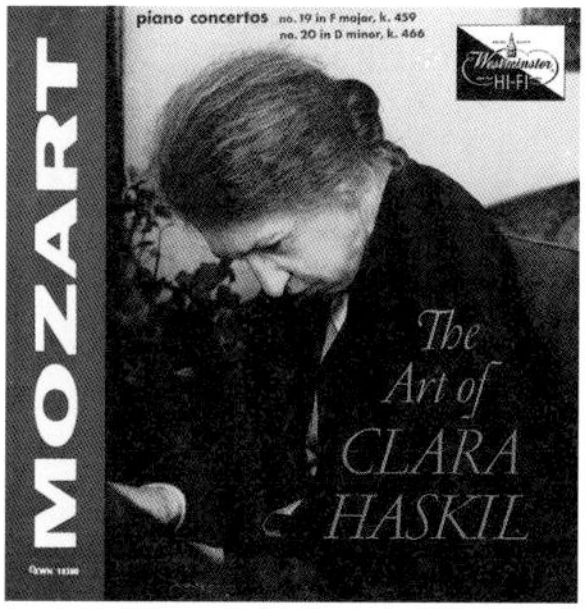

モーツァルトのピアノ協奏曲の中では短調の二曲がとても印象的だ。24番ハ短調と、この20番ニ短調。二つを比べると、どちらかといえばニ短調の方がより切迫した雰囲気を持っている。

指揮者である父親ジャンとこの20番で共演した若き日のフィリップ・アントルモン（二十三歳）、目がさめるような素晴らしい演奏だ。後年は今ひとつ目立たない存在になってしまったけど、これを聴くと思わず姿勢を正して見直してしまう。そうか、こんな素敵なピアニストだったんだ、と。何より音が綺麗だ。艶があり、粒立っている。二つのカデンツァも新鮮で聞きごたえがある。カデンツァを聴くだけでも、このレコードを手にする価値はあると思う。お父さんの指揮する伴奏もなかなか素晴らしい。このイタリア発売のオルフェウス盤は、アメリカの中古屋の捨て値バーゲン・コーナーでたまたま見つけたんだけど、目にしたときは嬉しかったな。

ハスキルはこのニ短調の協奏曲がお気に入りらしく、いろんな指揮者と組んで繰り返しレコーディングしている。うちにあるのはそのうちの四種、このスヴォボダ盤の他には、バウムガルトナー、フリッチャイ、マルケヴィッチと共演したもの。スヴォボダの指揮するスイスのオーケストラ、ヴィンタートゥール交響楽団は、密度の高い演奏でハスキルを温かく堅実にサポートし、よく引き締まった格調のあるモーツァルトになっている。特に二楽章はうっとりするくらい美しい。古い録音だが音質は悪くない。マルケヴィッチとの共演盤（一

九六〇年）はピアニストも指揮者も十分に気合が入っていて勢いがあり、音楽が生き生きしている。まるでとれたての魚みたいに。それでも僕は、スヴォボダ盤の穏当に収まりの良い世界が個人的にはけっこう好きだ。

それ以外でよく聴いたのは、ルドルフ・ゼルキンとセル／コロムビア交響楽団のＬＰ（一九六一年）。何しろ冒頭のオーケストラの入りが半端なく気迫に満ちていて、わくわくさせられる。ゼルキンもそれに真っ向から応えて、無駄なく毅然としたモーツァルトの音楽世界が立ち上がっていく。ゼルキンも見事だが（特にカデンツァ）、音楽の流れを設定しているのはやはりセルだろう。オーケストラ主導――そういう意味では、前にあげた二者の音楽とは傾向が少し異なっている。素晴らしい音楽だが、何度も聴いていると緊張してちょっと疲れるかも。

ゼルキンがアバド／ロンドン交響楽団と組んだ演奏（一九八一年）にはそこまでの緊張感はない。ゼルキンはマイペースで悠々と弾いている。大柄で味わい深い演奏だが、どちらかひとつと言われれば、僕は迷いなくセルとの演奏の迫真性を選ぶだろう。

64) シベリウス　交響曲第5番 変ホ長調 作品82

セオドア・ブルームフィールド指揮 ロチェスター・フィル Everest LPBR 6068 (1960年)
シクステン・エールリンク指揮 ストックホルム放送響 Mercury MG-10142 (1953年)
エリック・トゥクセン指揮 デンマーク国立放送響 London LL634 (1960年)
ユージン·オーマンディ指揮 フィラデルフィア管 Col. ML5045 (1954年)

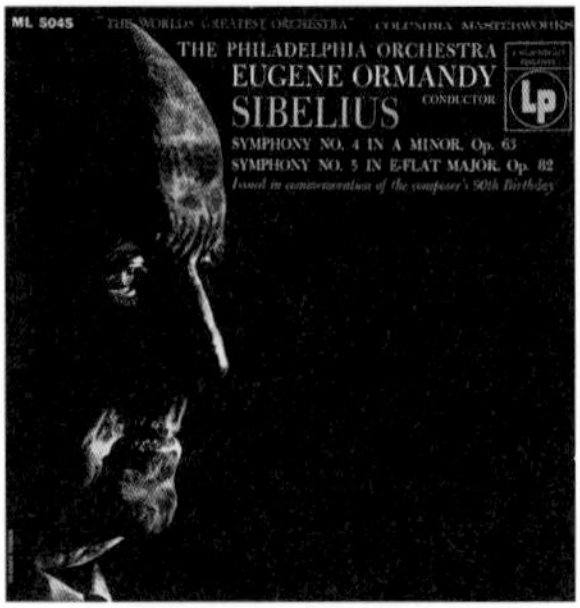

シベリウスの5番交響曲はけっこう人気曲で、たくさんのレコードが出ているけれど（うちにはＬＰだけでなんと十五枚もあった）、せっかくだからここでは、おそらく今ではあまり聴かれる機会のない（であろう）マイナーな盤を四枚紹介します。なんだか落ち穂拾いみたいだけど。どれもモノラルで、一九五〇年代の録音。

まずはブルームフィールド盤。この人はアメリカ人で、後年はフランクフルト歌劇場の音楽監督や、ベルリン交響楽団の首席指揮者も務めた。ロチェスター・フィルの首席指揮者だった時期に何枚かのレコードを吹き込んでいる。はっきり言って音の印象はかなり古い。シベリウスは確かに、どちらかと言えばコンサヴァティブな方向を向いた作曲者ではあるが、それにしてもこの演奏は古色蒼然としすぎているのではないか。趣味的にこういう音色を愛好するというのであれば、話はまた別だけど。

エールリンクはデンマーク人、後にアメリカに渡ってデトロイト交響楽団の首席指揮者となったが、一九五二年から五三年にかけてストックホルム放送交響楽団を指揮して、シベリウスの交響曲全集を世界で初めて完成させた。マーキュリー・レコードの制作だけあって音質もけっこう良い。このシベリウス演奏は、なかなか生き生きしている。聴き手をハッとさせるものがそこにはある。気取ったところのない、どこまでも素朴な北欧的シベリウスだ。例えばカラヤンの艶やかな演奏なんかからは、遥かに遠いところで成立している。そういう

ところがひとつの聴きどころになるだろう。

エリック・トゥクセンもデンマーク人。ニールセンのエキスパートとして知られている。英デッカの初期の録音（一九五二年）だが、音質は驚くほど良い。腰の据わった、聴きごたえのあるシベリウスだ。北欧的というよりは、ユニヴァーサルな広がりを持つしゃんとした演奏スタイルになっている。シベリウスの交響曲の評価がはっきり定まる以前の時代の演奏だが、古臭い感じはまったくしない。現代の耳で聴いても不自然なところは見受けられない。特に期待もせずに買ったのだが、このレコードは掘り出し物だったと思う。

オーマンディ／フィラデルフィアの古いモノラル盤も、ダレるところのない張り詰めた良い演奏だ。ひとつひとつの音が生きて動いている。華麗な「フィラデルフィア・サウンド」みたいなものはほとんど顔を出さない。オーマンディはシベリウスの音楽にかなり入れ込んでいたようで、たしかどれかの交響曲の米国初演もおこなっていたと思う。

ついでながら、僕が初めてこの曲を「いいなあ」と認識したのは、マルコム・サージェントの指揮するＢＢＣ交響楽団のレコードを聴いたときだった。今回は全てモノラル盤で括ったのでジャケットは紹介しなかったが（「ポヒョラの娘」の項にあり）、余分な力の入らない節度ある演奏で、心静かに音楽に浸ることができる。

65）ドビュッシー 「海」

ディミトリ・ミトロプーロス指揮 ニューヨーク・フィル Phil. A101100（1950年）
エルネスト・アンセルメ指揮 スイス・ロマンド管 Dec. LXT2632（1951年）
ポール・パレー指揮 デトロイト響 Mercury SR90372（1955年）
エドゥアルト・ファン・ベイヌム指揮 コンセルトヘボウ管 Phil. A00441（1957年）
ジャン・フルネ指揮 チェコ・フィル Praga SUAST 50575（1963年）
ルイ・フレスティエ指揮 セント・ソリ管 Club Francais du Disque 55（1959年）

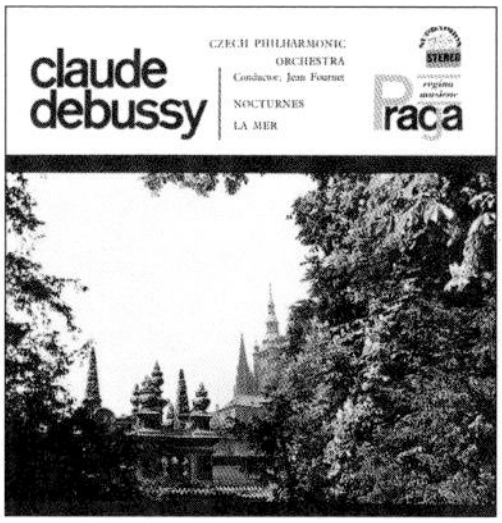

フランス印象派音楽の代表格とでもいうべきドビュッシーの「海」。まるで精密な風景画のようで、聴いているだけで眼前に海の光景が広がる。

ミトロプーロスは米コロムビア原盤。ミトロプーロスとドビュッシー、ミスマッチでは、とつい思ってしまうが、結果的にはなかなか堂々とした素敵な音楽に仕上がっている。フランス風とは言い難いにせよ、考えてみれば、海はフランスだけではなく世界中どこにでもある。もちろんミトロプーロスの生まれたギリシャにもある。いろんな「海」があっていいのだろう。

アンセルメは「海」を後年ステレオで録音し直しており、そちらは演奏も録音も一級品なので、あえてモノラル盤で聴くこともないのだろうが、旧盤には旧盤独自の趣がある。古き佳き時代の海岸の情景とでもいえばいいのか、じっと耳を澄ませていると温かな日差しや、潮風の懐かしい匂いさえ感じとれそうだ。裏面に収録されたラヴェルの「マ・メール・ロワ」も愛らしい演奏だ。

デトロイト交響楽団のドビュッシーというと、なんとなく違和感を感じてしまうが（デトロイトには海はないし）、ポール・パレーはこの自動車工業都市のオーケストラの音楽監督を長年務め、フランス音楽の演奏方法をみっちり教え込んだ。おかげでこの「海」は極上の音に仕上がっている。曖昧な表現がなく、核心に向けて率直に切り込む鮮やかな演奏だ。マーキュリーの初期ステレオ録音も素晴らしい。

ベイヌムの演奏には冒頭から、ぱっと眼前に情景が開けていくような不思議

な明るさが感じられる。技巧的な明るさではなく、自然光の明るさだ。音の風通しが良く、聴き手をほっとリラックスさせる。他の演奏とどこがどう違うのか？　僕にはわからない。人柄かもしれない。でもとにかく聴いていて心地よい演奏だ。

フランス人、ジャン・フルネが指揮するチェコ・フィル。チェコには海はない。どんなものかと聴いてみると、そこにあるのは通常のドビュッシーの「海」とは趣を異にした「海」だ。演奏の質は高いし、全体のまとまりも良いし、二十世紀初頭のフランス音楽としては興味深く聴けるものの、一般リスナーが抱くドビュッシー「海」のイメージからはやはり外れるかも。海の香りもあまりしないし。

この中ではセント・ソリが唯一のフランスの演奏団体になる。パリの一流オケの演奏者たちが集まって結成した民間の楽団だ。この演奏の美点はほどよくほどけているところにある。細部まで綿密に筆を入れるのではなく、ちょっと肩の力を抜いた、言うなれば「素朴アート」傾向の情景描写になっており、そのへんがパリっぽく小洒落ていると言えるかもしれない。たとえばミュンシュ／ボストン（一九五六年）のまったく隙のない演奏なんかとは対極の位置にあるかも。まあ、大方の人はミュンシュ盤をとるだろうが。

66) モーツァルト　交響曲第38番「プラハ」ニ長調 K.504

ブルーノ・ワルター指揮 ウィーン・フィル Angel GR-19（1936年）
ラファエル・クーベリック指揮 シカゴ響 HMV ALP-1239（1953年）
ジョセフ・カイルベルト指揮 バンベルク響 Tele. TCS 18013（1956年）
オットー・クレンペラー指揮 フィルハーモニア管 Angel 35408（1959年）
ヨーゼフ・クリップス指揮 アムステルダム・コンセルトヘボウ Phil. 6500 466（1973年）
カール・ベーム指揮 ウィーン・フィル London MP-80 mono（1955年）10インチ

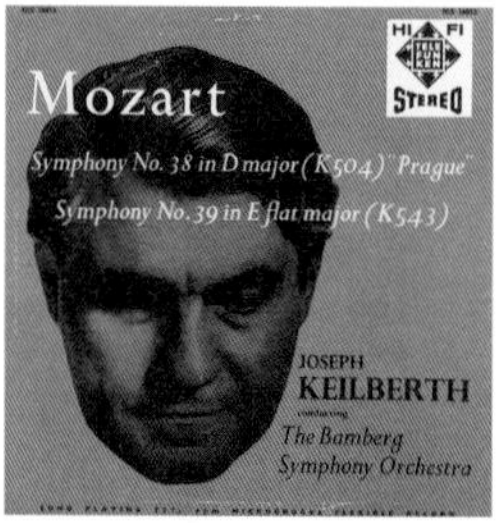

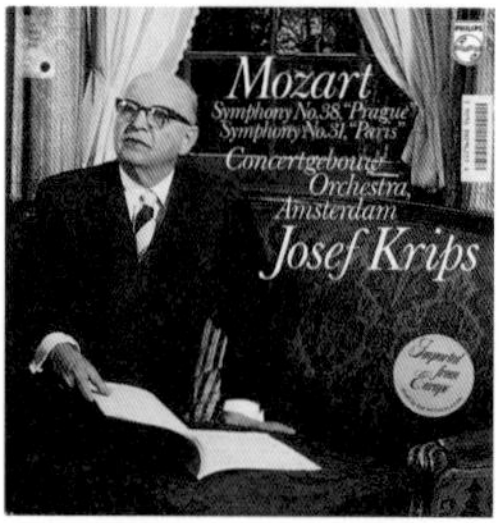

僕が高校生のときに初めて聴いた「プラハ」は、前述した「ジュピター」の場合と同じくブルーノ・ワルターが一九三六年にウィーン・フィルを指揮した盤で、それでこの曲が一発で大好きになった。以来かなりたくさんの「プラハ」を聴いてきたが、今でもやはりこのワルター盤のふくよかな音が気に入っている――というか、それが僕にとっての変わることのない原点になっている。とくに冒頭の長い導入部の扱いが印象的だ。古いSP録音だけど、古めかしさみたいなものはほとんど感じられない。後期の「練れた」ワルターに比べると、いくぶんせかせかした部分が見受けられるかもしれないけど、そのへんはこちらでうまく呑み込んでいくことになる。

クーベリックはバイエルン放送響を指揮した後年の録音もいいけれど、シカゴ交響楽団を率いたこの昔のRCAの録音も聴き応えがある。まだ若き日の演奏だが、視点の定まった落ち着いた演奏だ。クーベリックは一九六〇年代の一時期シカゴ響の常任指揮者をつとめたが、ジャン・マルティノンの場合と同じようにお互いもうひとつ肌が合わず、あまり幸福な結果はもたらされなかったみたいだ。しかしこの録音に関しては、腰の据わった確かな音楽に仕上がっている。派手さには欠けるかもしれないが、聴き手は安心してモーツァルトの世界に浸ることができる。

カイルベルトの「プラハ」はずいぶん生真面目な演奏だ。定規を使って正確に線を引いたみたいに、どこまでもきりっと筋が通っていて率直だ。奇をてら

うようなところはまったく見えない。たしかにすっきりして見晴しは良いけれど、「だからどうなんだ」というところはある。

クレンペラーの演奏はどちらかというと、ベートーヴェン寄りのモーツァルトになっていて、（オリジナル楽器演奏を通過してきた）現代のリスナーの多くは、そのスタイルに若干古風な趣《おもむき》を感じてしまうことになるかもしれない。でもそれはそれとして、クレンペラーらしくきりっと姿勢の良い、気品ある演奏だ。

クリップス（コンセルトヘボウ）の演奏は中庸の良さを持つ、たおやかなモーツァルトだ。コンセルトヘボウがまことに気持ちよく音楽を歌い上げている。こういう「わけのわかった大人」的な練れた音は、こう言ってはなんだが、オリジナル楽器演奏なんかではまず出てこないものではないだろうか。もちろんひとつの音楽に何を求めるかは、人によって、場合によってそれぞれ違ってくるわけだが。

一九五五年録音のベーム／ウィーン・フィル盤は、ＤＧ（ドイツ・グラモフォン）盤に比べると一昔前の録音になるが、ウィーン・フィルの美質がすんなりと自然に引き出されていて、「さすがに」と感心させられる。いささか前のめりの演奏だが、妙におさまったところがなくて好感が持てる。ＤＧ盤はあまりにしっかり統制がとれすぎていて、面白味に欠け、僕の心はそれほど揺さぶられない。

67) ダンディ 「フランスの山人の歌による交響曲」ト長調 作品25

ロベール・カサドゥシュ(Pf) ユージン・オーマンディ指揮 フィラデルフィア管 日CBS SONY 13AC293 (1959年)
アルド・チッコリーニ(Pf) アンドレ・クリュイタンス指揮 パリ音楽院管 EMI 1190 (1953年)
アルド・チッコリーニ(Pf) セルジュ・ボド指揮 パリ管 Seraphim S60371 (1976年)
ジャン・ドワイヤン(Pf) ジャン・フルネ指揮 ラムルー管 Epic LC3096 (1959年)
ニコール・アンリオ＝シュヴァイツァー(Pf) シャルル・ミュンシュ指揮 ボストン響 Vic. LM2271 (1958年)
フィリップ・アントルモン(Pf) シャルル・デュトワ指揮 フィルハーモニア管 CBS AL37269 (1983年)

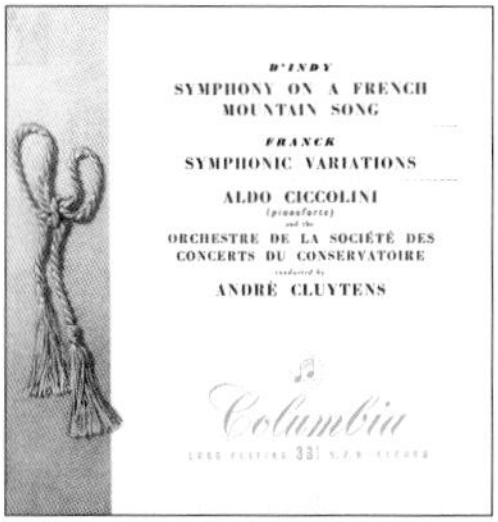

ジャンルとして、タイトル通り「交響曲」に分類すればいいのか、あるいは「協奏曲」なのか、それとも「管弦楽曲」なのか、成り立ちのよくわからない曲だ。フランス山地の羊飼いの歌を主題にした変奏曲的な要素もあり、独特の不思議な魅力を持っている。僕は以前からカサドゥシュ／オーマンディの盤を愉しんで聴いた。このレコードは僕にとっての色褪せることのない個人的な定番となっている。のびやかでゆったりとして、気品がある。叙情的ではあるが感傷に流れず、語るべきことはすべて語っている。

イタリア出身のピアニスト、チッコリーニはこの曲を二度録音しているが、最初のクリュイタンスとの盤は彼にとっての初レコーディングにあたるようだ。その数年前にロン・ティボー・コンクールで優勝したばかりの二十八歳。若々しく率直で、好感の持てる演奏だ。クリュイタンスの指揮も要領よくてきぱきしている。それが二十三年後のパリ管弦楽団と組んだ再録盤だと、音質は向上したものの、中身は思い入れたっぷりのシロップ漬けみたいな音楽に成り変わっている。まるで別人みたいだ。いったいどうしたんだろう？ 指揮者のせいだろうか（セルジュ・ボドはポール・トルトゥリエの甥だ）？ しかしこのレコード、アメリカの中古屋で五十セントで買ったから、大きな声で文句は言えない。

ドワイヤン、フルネ組は思い入れを控えた節度ある演奏だ。奏でられる音はどこまでも滑らかで、「純フランス風」とでも表現したくなる品の良さを全体

に漂わせている。フランス近代音楽を得意とするこのピアニストは、余裕を持ってのびのびとこの曲を演奏している。フルネの指揮も自己主張を抑え、よい意味での中庸さを発揮している。

ミュンシュの演奏はそれよりはもう少し門構えが大きくなり、協奏曲的というよりは、ピアノ付き交響曲という趣が強くなる。音色はどことなくブラームス風。音楽全体の枠組みはミュンシュ主導でつくられているようで、アンリオ＝シュヴァイツァーのピアノも流ちょうではあるが、自己主張はぐっと控えめだ。それはそれで立派な出来なのだが、果たしてそこまでどっしり構えるほどの音楽だろうかという疑問がふと浮かんでくる。もう少しさらりとカジュアルに流した方がこの音楽は生きてくるのではないだろうか、と。

それから時代はぐっとさがって一九八三年録音のアントルモン／デュトワ組の演奏。ピアノ、オーケストラ共に、終始穏やかな表情を失わない音楽だ。アントルモンの弾くベーゼンドルファーの音がとても美しく録音されており、デュトワの指揮も精密でツボを外さない。いささか整いすぎているかなという印象はあるにせよ、間違いなくよく練れた優れた演奏だと思う。

ちなみにチッコリーニ（二枚とも）とアントルモンのレコードB面は、フランクの「交響的変奏曲」になっているが、これはチッコリーニ／クリュイタンス盤の演奏が圧倒的に素晴らしい。こちらを聴くためだけでもこのレコードを手に入れる価値はある。

68) J・S・バッハ　二台の鍵盤楽器のための協奏曲第2番 ハ長調 BWV1061

カール・リヒター＋エデュアルド・ミューラー(Cem) カール・リヒター指揮 アンスバッハ・バッハ週間管
Dec. LW-50135 (1955年) 10インチ
ロベール・ヴェイロン＝ラクロワ＋ベッケンスタイナー(Cem) パイヤール指揮 パイヤール室内管 Erato STU-70447 (1968年)
クララ・ハスキル＋ゲザ・アンダ(Pf) アルチェオ・ガリエラ指揮 フィルハーモニア管 EMI 33CX1403 (1956年)
ベロフ＋コラール(Pf) ヴァレーズ指揮 アンサンブル・オーケストラル・パリ 日Angel EAC90191 (1982年)

チェンバロでの演奏が二種、現代ピアノでの演奏が二種。バッハは「二台の鍵盤楽器のための協奏曲」を三つ作曲しているが、純粋にチェンバロのために書かれた作品はこのBWV1061だけで、あとは他楽器からのトランスクリプション（使い回し）。一連の複数の鍵盤楽器のための協奏曲は、バッハが教え子たちや息子たちと一緒に演奏するための「実用品」としてつくられたと言われている。そんなわけで、気心の知れた奏者たちがあちこちで親密に演奏を楽しんでいる（ことと思う）。第二楽章にはオーケストラは入らず、独奏楽器の二重奏になる。

リヒターのこの曲の演奏はアルヒーフ盤が有名だが、これはもっと以前、彼がまだ二十代の頃に英デッカに吹き込んだものだ。後のリヒターほど鋭く厳しく迫ってくるところはまだなく、比較的穏健に音楽を楽しむことができる。とはいえどこまでも折り目正しい、正統的なバッハではある。ただレコードで聴くバッハの（複数）チェンバロ協奏曲は、独奏楽器とオーケストラの音量のバランスがいつも気になってしまう。とくにモノラル盤では楽器の音が混ざり合ってしまうし、おそらく録音がむずかしいのだろうが、この古い英デッカ盤も残念ながらその例外ではない。

ラクロワ＝ベッケンスタイナー組の演奏は、リヒターよりは表情が柔らかく、いかにもフランス風味のバッハだ。謹厳感は薄い。しかし決して軟派に振れているわけではない。ラクロワ、パイヤール共にいちばん脂ののりきった時期の

演奏なので、格調高く思い切りの良い、しつけのきいた音楽に仕上がっている。紛れもないひとつのバッハ演奏のスタイルがそこにはある。こちらはステレオ録音。

ハスキル＝アンダ組の演奏は、この二人の実力派ピアニストの共演に相応しい、聴き応えのあるものになっている。オリジナル楽器を意識した、はきはきと小気味の良い二人の現代ピアノが、的確に無駄なく絡み合っていく。とくに二楽章での二人の精妙で上質なインタープレイは聴き応えがある。フーガの掛け合いも愉しい。複数の鍵盤楽器の合奏は往々にしてうるさく、またしつこく聞こえがちなものだが、モノラル録音であるにもかかわらず、ここではそういうことはまったくない。オーケストラも堅実で優秀だ。

コラール＝ベロフの、フランス人ピアニスト二人組の演奏スタイルは、同じ現代ピアノでも、ハスキル＝アンダ組とは対照的だ。二人は意識的にテンポをゆっくりとって、ペダルを適度に活用しながら、現代ピアノならではの豊かな響きを展開していく。つまり昨今はやりのオリジナル楽器演奏とはほぼ正反対のコンセプトを選んでいるわけだ。（当時）新世代、若手ピアニスト・コンビの意欲的な取り組みと言えるだろう。異色といえば異色だが、これはこれでなかなか魅力的なバッハだ。

69〈上〉シューベルト　弦楽五重奏曲 ハ長調 D956

ブダペストSQ+ベナール・ハイフェッツ(Vc) Col. ML4437 (1951年)
ブダペストSQ+ベナール・ハイフェッツ(Vc) Col. MS6536 (1963年)
アマデウスQ+ウィリアム・プリース(Vc) Vic. LHMV-1051 (1958年)
ヤッシャ・ハイフェッツ+ピアティゴルスキー・コンサーツ Vic. LSC-2737 (1962年)

「天国的」に長いシューベルトのハ長調五重奏曲。僕はなぜか昔からこの曲が好きで（シューベルトの長い作品に惹かれる傾向がある）、うちにはけっこう多くのレコードが（知らないうちに）集まってしまっているのだが、そのうちからとりあえず八枚を選んだ。演奏者にとっては明と暗、緩と急の切り替えがむずかしい曲だ。

実を言うと、この曲で僕が最も頻繁に聴いたのは、ヨーヨー・マの入ったクリーヴランドSQのCDだが、どうしてかといえばいつもこれを聴きながらソファで昼寝をしていたからだ。この演奏、決して退屈なわけではないのだが、聴いているとなぜかすぐに眠くなって、とても気持ちよくすやすやと眠れてしまうのだ。他の演奏ではそんなことはないのに……というわけでけっこう重宝していた。よかったら試してみてください。

さて、ブダペストSQは一九五一年にモノラルで、一九六三年にステレオで二度この曲を録音しており、どちらも第二チェロにベナール・ハイフェッツを起用している。メンバーは第二ヴァイオリンを除いて同じ。しかしモノ盤とステレオ盤を聴き比べると、印象がかなり異なるので戸惑ってしまう。モノラル盤はまっすぐ正統的なシューベルトだ。音はいささか古めかしいが、格調高く無駄のない演奏で、「なるほど」と納得して聴いていられる。ところがステレオ盤になると、アグレッシブにずばりと正面から切り込む演奏に変わっている。見事にコントロールの効いた演奏だが、ここまで辛口の「Ｄ９５６」は他にな

いだろう。緩徐楽章においても緊張の糸が緩むことはなく、弦の音色も寛容さをそぎ落としたみたいに半端なく硬く、このレコードではとても昼寝なんてできそうにない（もちろん昼寝できるかできないかが演奏の価値基準に含まれるわけではないが）。

アマデウス盤はブダペスト盤（ステレオ）に比べればずっと中庸に寄った演奏で、明と暗、緩と急が巧みに使い分けられている。第二楽章はあくまでゆるやかで美しく、第三楽章の鋭利なアタックとの対比が鮮やかだ。全体的に緊密で優秀な演奏だとは思うが、アマデウスQにしては響きが思いのほか硬質で、シューベルトの室内楽の持つ、独特の「合わせもの」的おおらかさの風味をここに求めるのはちょっとむずかしいかもしれない（おおらかすぎると寝ちゃうのかもしれないが）。

ヤッシャ・ハイフェッツとグレゴール・ピアティゴルスキーが結成した「ハイフェッツ／ピアティゴルスキー・コンサーツ」にウィリアム・プリムローズ、イスラエル・ベイカーなどが参加した臨時編成グループ。常設団体ではないのでところどころで少しばかり粗さが感じられるものの、さすがにベテラン、名手が集まっただけのことはあって、歌われるべきところは柔軟に流麗に歌われる。そういう音楽性の自由な発露がこの盤の持ち味になっている。

69〈下〉シューベルト　弦楽五重奏曲 ハ長調 D956

カザルス、スターン、シュナイダー、ケイティムズ、トルトゥリエ Col. ML4714（1952年）
カザルス＋ヴェーグSQ Turnabout 34407（1963年）
エオリアンSQ＋ブルーノ・シュレッカー（Vc）Saga XID5266（1966年）
ウィーン・コンツェルトハウスSQ＋ギュンター・ヴァイス（Vc）West. WL5033（1949年）

カザルスの一九五二年盤はプラード（フランス）の「プラード音楽祭」で録音されたものだ。アイザック・スターン、ポール・トルトゥリエ、アレクサンダー・シュナイダーなど、当時最高のメンバーを集めている。一九六三年盤もやはりプラードでのライブ録音だが、こちらはカザルスがヴェーグSQに加わる格好になっている。

もちろんどの場合もカザルス御大《おんたい》が音楽の方向性を定めている。二台のチェロが低音部を重厚に支える曲だけに、彼の司令塔としての意味は重い。おかげで奏でられる音楽はどちらの場合も迷いなく、しっかり腰が定まっている。一九五二年盤は第二チェロが、カザルスを敬愛する名手トルトゥリエだけに、呼吸もぴったりだ。このグループの演奏はなにしろ流れが良い。慌てず騒がず、ゆったりとしかし緊密に、情熱を込めて音楽がこしらえられていく。それも間違いなくシューベルトの音楽が。古い演奏だが、音に古さはまったく感じられない。

カザルスの一九六三年盤は、それに輪をかけて温かく円熟した演奏になっている。ゆったりとしたペースの冒頭部からチェロが豊かな低音を、静かな声明として紡ぎ出す。ヴェーグSQという熟達したユニットを得て、水を得た魚のようにカザルスは朗々と骨太に、シューベルトの音楽を謳い上げる。引き合いに出して申し訳ないが、これがブダペストSQが演奏していたのと同じ曲だとはとても思えないくらいだ。カザルスという演奏家の柄の大きさを改めて思い

知らされる。

　エオリアンＳＱは一九五〇年代から七〇年代にかけて活動した英国のグループ。彼らが完成させたハイドンの弦楽四重奏曲全集は高く評価されている。このシューベルトはいかにも節度ある、上品な中庸を行く演奏になっている。音楽性も高く、安心して聴いていられる。めりはりは十分にあるが、刺激的というほどではない。これでは物足りないという人もいるだろうが、この曲に対するひとつのまっとうな、誠意を込めたアプローチではある。

　ウィーン・コンツェルトハウスＳＱの演奏は、ここに挙げた八枚のＬＰの中では最も録音が古いものだが、このグループの差し出す音楽の美点は、現在の耳で聴いてもいささかも古びていない。最もウィーンらしい団体が演奏する、最もウィーンらしい作曲家の名曲――それ以外に形容のしようがない。すべてが自然で、すべてがすんなり腑《ふ》に落ちる。頭ではなく、心で演奏している。「いろいろ聴いても、やっぱりここがいちばん落ち着くんだよね」みたいな音楽だ。

　しかしどうしてヨー・ヨー・マ入りのクリーヴランドＳＱの演奏は、昼寝のＢＧＭに向いているのだろう？　僕にとっての長年の謎になっている。

70) チャイコフスキー　交響曲第6番「悲愴」ロ短調 作品74

エイドリアン・ボールト指揮 ロンドン・フィル Somerset SF10100（1959年）
レナード・バーンスタイン指揮 スタジアム・コンサート響 Music Appreciation MAR-6250（1955年）
シャルル・ミュンシュ指揮 ボストン響 Vic. LSC-2683（1961年）
ハンス・シュミット＝イッセルシュテット指揮 ハンブルク放送響 Tele. LGX-66031（1954年）

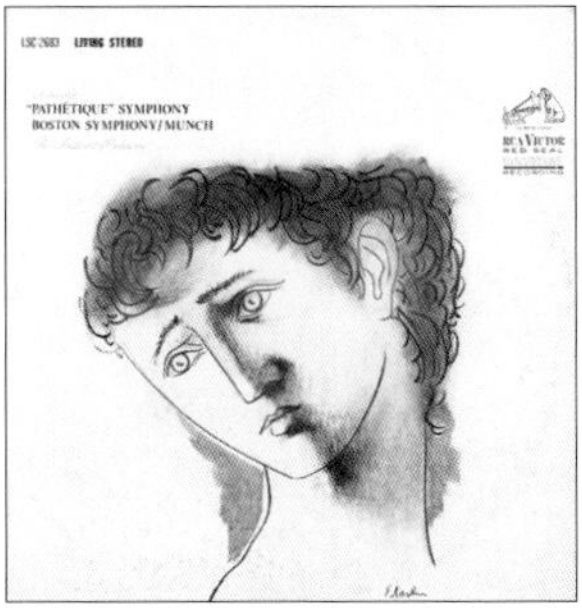

これも超有名曲なのでレコード、CDはそれこそ星の数ほど出ているが、うちにあったLPはこれで全部。意外に少ない（CDを入れると10枚は超えるが）。高校生の頃、ムラヴィンスキーやカラヤンのレコードをよく聴いた記憶があるが、どちらも今は手元にない。そういえばチャイコフスキーの交響曲って、人生のある時点からなぜかあまり聴かなくなった。

エイドリアン・ボールト――このレコードに針を落とした瞬間から、「ああ、懐かしいなあ」という気持ちになる。聴き慣れた昔ながらのチャイコフスキーの音なのだ。「おふくろの味」みたいなものだろうか。オケはメロディーをよく歌っているが、英国的な節度が効いていて、全ては適温にコントロールされ、安易に感傷に流れることはない。好感の持てる整った演奏だ。

バーンスタインが指揮する楽団は実質はNYフィル。発売元の Music Appreciation というレコード会社は有名な「ブック・オブ・ザ・マンス」クラブのレコード部門であるようだ。バーンスタインはそこから依頼されてこの曲を録音したのだが、おそらく契約の関係でNYフィルの名前は使用できなかったのだろう。12インチのLPに加えて、指揮者が曲について解説する10インチ盤がおまけとして付いている。かなり入手困難な珍しい盤であると思うが、演奏自体は正直言って今ひとつパッとしない。テンポの取り方が古っぽくて、所々で間延びして感じられる。第一楽章は遅すぎるし、第三楽章はせかせかしすぎる。いつものスカッとしたバーンスタインではない。バーンスタインのL

Pのコンプリート・コレクションを目指す人以外にはお勧めできない。

シャルル・ミュンシュの指揮するボストン交響楽団。一流指揮者と一流交響楽団だから、もちろん演奏はよくまとまっており、密度は高く、技術的に全く問題はないのだが、もうひとつぐっと迫ってくる何かに欠けている。どういう「悲愴」をそこに立ちあげたいのか、何をリスナーに伝えたいのか、指揮者の思いが見えてこない。それなりの気持ちが伝わってこないと、この交響曲はどこかしら痩せた音楽になってしまう。

イッセルシュテット盤は、ロシアの土壌を離れてユニヴァーサルな方向に明確に振り切れており、チャイコフスキー的なウェットな「思いの丈」は希薄だ。ベッタリしたところがなく、かといって淡白なわけでもなく、音楽が純音楽として自立している。聴いていて、「こういう悲愴もなかなかいいなあ」と思う。でも同時に、「それはそれとして、こってりしたチャイコフスキーもときには聴いてみたいな」とも思う。

そういう時には、LPではなくCDになるが、ピエール・モントゥーがボストン交響楽団を指揮した「悲愴」(一九五五年)を聴く。こちらには思いの丈がたっぷりこもっており、「チャイコフスキーを聴いたぞ!」という確かな満足感を与えてくれる。

71) グリーグ　ヴァイオリン・ソナタ第3番 ハ短調 作品45

フリッツ・クライスラー(Vn)、セルゲイ・ラフマニノフ(Pf) Vic. LCT-1128 (1928年)
アンドレ・ジェントレル(Vn)、エディット・ファルナディ(Pf) West. WST17054 (1950年代後半)
西崎たか子(Vn)、岩崎淑(Pf) 日Vic. JRZ-2205 (1975年)

グリーグの作曲した三曲のヴァイオリン・ソナタは比較的地味な作品だが（その中ではこの三番がいちばんポピュラーだ）、ラフマニノフとクライスラーという二人の巨匠（という言葉がまさに似つかわしい）が取り上げて共演しているだけで、一聴の価値が出てくる。実際聴いているうちに、二人に「言いくるめられる」というわけでもないのだろうが、なかなか大柄な名曲に聞こえてくる。

クライスラーは専ら《もっぱ》ポジティブ、ネアカの人だし、ラフマニノフは逆に神経症的ネクラの人だから、この二人が顔を合わせて共演して、音楽的にうまく合うのかなとつい心配になってしまうんだけど、二人のキャラクターがうまく混じり合って、程良い北欧的なテイストを持つ音楽がそこに生まれているから、そのへんはやはり立派だ。たぶん「名人、名人を知る」みたいなことがあるのだろう。

ラフマニノフは言うまでもなく超絶技巧を誇ったピアニストだが、こういう合わせものでは派手なところは一切見せず、堅実な音楽作りに専念している。しかしちょっとした音色に「ああ、これラフマニノフだ！」みたいなはっとさせるものがあり、さすがに聴かせる。クライスラーもそのピアノに合わせて、とても気持ちよさそうにクライスラー節を歌いあげている。一昔前の演奏スタイルと言ってしまえば、まあそれまでなんだけど、いいですね。こういうの。

このときラフマニノフは五十五歳、クライスラーは五十三歳、まさに円熟の境

地だったのだろう。どことなく、名人の語る古典落語を聴いているような趣がある。あえて言うなら、噺《はなし》の中身よりは語り口の妙だ。

アンドレ・ジェントレルはハンガリー出身のヴァイオリニスト、エディット・ファルナディもハンガリー出身、どちらもフランツ・リスト音楽院で学んだ。ジェントレルはジプシー・ヴァイオリンを思わせるような情熱的な姿勢で、このソナタを朗々と弾きこなしていく。ファルナディのピアノも力強く遠慮がない。クライスラー／ラフマニノフ組とはかなり味わいが異なる。このLP、うちにはオリジナル盤と国内盤があるが、国内盤のヴァイオリンはテープ劣化のせいだろうか、音がいくぶん痩せて聞こえる。

西崎たか子と岩崎淑は一九七五年に東京で、この曲を始め、グリーグのソナタを全三曲まとめて吹き込んでいる。その意欲は高く評価されるし、演奏も隙のない立派なもので、よく歌ってはいるのだが、いかんせん曲自体が絶対的な魅力を持ち合わせていない（異論はあるかもしれないが、僕にはそう思える）ので、全体を通してもうひとつぐっと押し迫ってくるものがない。やはり伝説的達人芸をもってしないことには、うまく成り立たない世界ではないだろうか。

72) リヒアルト・シュトラウス 「ドン・ファン」作品20

オットー・クレンペラー指揮 フィルハーモニア管 Col. 33CX1715（1960年）
レオポルド・ストコフスキー指揮 NYスタジアム響 Everest SDBR3023（1959年）
ヘルベルト・フォン・カラヤン指揮 ウィーン・フィル London CS6209（1960年）
ロリン・マゼール指揮 ウィーン・フィル London CS6415（1964年）
ルドルフ・ケンペ指揮 ロイヤル・フィル Reader's Digest Box RD-15N1（1960年代末）BOX

これらのレコードが吹き込まれた頃、クレンペラーとストコフスキーは押しも押されもせぬヴェテラン、カラヤンとケンペは脂の乗りきった中堅、マゼールは鋭意売り出し中の若手だった。

クレンペラーの指揮する、その手勢ともいうべきフィルハーモニア、目覚ましく艶やかな音を鳴らしている。名匠クレンペラーはその音を糸として、美しい布地を滑らかに織り上げていく。そこでは音楽が自由に呼吸をしている。まさにヴェテランの味というべきだろう。

「ドン・ファン」はいちおう tone poem（音詩、交響詩の一種）ということになっており、ドン・ファンの生涯を音で約十七分で綴っているわけだが、とくに具体的なエピソードが提示されているわけではない。だから音楽の持っていき方も指揮者の胸一つで決まってしまう。その点ストコフスキーはやはり話の盛り上げ方がうまい。知らないうちに音楽的話術にすいっと引き込まれてしまう。

話術の巧みさではカラヤンも負けてはいない。迷うことなく、臆することなく自分の思いなす音楽を紡ぎ出していく。もっとあとの時代になると、その巧みな語り口が独善的になり、いささか鼻につく場合も出てくるが、この時代のカラヤンの音楽にはよりニュートラルな、普遍的説得力みたいなものがあった。とくにこの「ドン・ファン」の演奏は見事だ。最初から最後まで、曲の神髄を捉えて放さない。

マゼールの演奏、勢いの良さにかけては誰にも引けを取らない。ジャケット写真の顔つきからしてガッツの塊《かたまり》のようだ。飢えた獣のような目をしている。しかしただ勢いが良いというだけではない。アクセルをぐいと踏み込みながらも、怠りなく素早く細部に注意が払われている。この時期のマゼール（三十歳を過ぎたばかりだ）の音楽には、この人にしか出せない鋭く大胆なドライブ感があった。しかし後年になると、そのような彼独自の持ち味はもうひとつ鮮やかではなくなっていった。僕は一九八〇年代にローマで、彼がベルリン・フィルを指揮したベートーヴェンの七番を聴いたことがあるが、（少なくともその日は）残念ながら強く迫ってくるものはなかった。

最後にルドルフ・ケンペが「リーダーズ・ダイジェスト」通販ボックスのために、ロイヤル・フィルを振った「ドン・ファン」。録音はたぶん一九六〇年代末だろう。一般販売はされていないと思うけどこの演奏、実に舌を巻くほど素晴らしいです。録音も文句なく優秀だ。シュトラウスを得意とするケンペは、一九七三年にもドレスデンと共に同曲を録音しているが、そちらよりまとまりのある、深みある演奏になっていると思う。ドレスデンとの演奏は妙にせかせかしている印象がある。

73) オルフ　世俗カンタータ「カルミナ・ブラーナ」

オイゲン・ヨッフム指揮 バイエルン放送響 Gram. LPM18303 (1952年)
レオポルド・ストコフスキー指揮 ヒューストン響 日Seraphim ECC-30159 (1958年)
ウォルフガング・サヴァリッシュ指揮 ケルン放送響 Angel 35415 (1956年)
小澤征爾指揮 ボストン響 Vic. AGL1-4082 (1969年)
デ・ブルゴス指揮 ニュー・フィルハーモニア管 Angel 36333 (1965年)

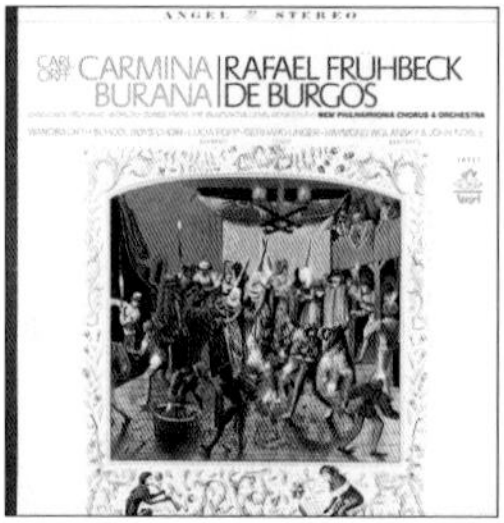

「カルミナ・ブラーナ」、中古店で目に付いたLPを漠然と集めていたらこんな品揃えになった。「安い！」というだけで購入したものもある。たとえばストコフスキー盤はなんと五十円。立派な対訳歌詞が付いて、これだけでも五十円を超える値打ちはあると思うんだけど。

ヨッフムは二度この曲を録音していて、有名なのはヤノヴィッツとフィッシャー＝ディスカウの入ったゴージャスな一九六七年盤だが、うちにあるのは初期のモノラルLP。歌手は知らない人ばかり。でもこの盤は、オケよりは歌手と合唱を前面に押し出しており、ドラマチックで大がかりな六七年盤とはがらりと違った音楽の展開になっている。ヴォーカルが中心になっているせいで、音楽全体がより素朴＝非ドラマチックになり、中世フォークアート的な色彩を帯びる。他の盤を聴いてからこれを聴くと、ずいぶん簡素で新鮮な印象を受ける。

ストコフスキーは楽譜・楽器などの勝手な改変で評判があまりよろしくないようだ。専門的なことはよくわからないが、でもそういう事情をよく知らないで聴いていると、ストコフスキーの演奏はけっこう楽しい。この「カルミナ・ブラーナ」も語り口巧みでノリがよく、すらすらと抵抗なく聴けてしまう。毒にも薬にもならない無難な演奏よりは、こちらの方がよほどいいと僕なんかは思うけど。

サヴァリッシュのレコードは作曲者自身が監修をつとめている。中世の学生

や僧たちが残した雑多な世俗的詩歌にオルフが曲をつけ、本格的合唱とオーケストラを配した劇場演奏用の歌曲集。古いのか新しいのか判じがたい世界が繰り広げられるが、何度か聴いているうちにこの正体不明の、どことなく妖しい雰囲気がクセになる。そういう微かな「胡散臭さ」は、この作曲者お墨付きのサヴァリッシュ盤にもしっかりうかがえるから、きっと本来的なものなのだろう。曲の初演は一九三七年、オルフの生まれ故郷はミュンヘン、ドイツはナチスの時代のまっただ中にある。

若き日の小澤征爾の演奏はかなりアスリート的で、そういう秘教的な（というか）曖昧な薄暗さは見事にどこかに吹き飛んでしまっている。それはそれでさっぱりして爽快なんだけど、曲本来のあるべき響きからは少しずれているかもしれない。小澤さんはこの曲が気に入ったのか、その後も何度か吹き込んでいる。

デ・ブルゴスの演奏は、細部まで怠りなく目が行き届いた正統的なものだ。合唱と独唱とオーケストラのバランスが素晴らしく、終始音楽がばらけない。ルチア・ポップの歌唱も素敵だ。この五枚のＬＰのうちでは最もよくまとまった演奏かもしれない。サヴァリッシュ盤の漂わせる微かな「胡散臭さ」も捨てがたいが。

この曲、映画「コナン・ザ・グレート」のサントラみたいに聞こえなくもないが、これはきっとハリウッドの人たちの方が真似をしたんでしょうね。

74) ブラームス　ピアノ協奏曲第2番 変ロ長調 作品83

ルドルフ・ゼルキン(Pf) ユージン・オーマンディ指揮 フィラデルフィア管 Col. ML5491（1956年）
ルドルフ・ゼルキン(Pf) ジョージ・セル指揮 クリーヴランド管 日CBS SONY SOCL1058（1966年）
アルトゥール・ルービンシュタイン(Pf) ミュンシュ指揮 ボストン響 Vic. LM1728（1953年）
アルトゥール・ルービンシュタイン(Pf) ヨゼフ・クリップス指揮 RCA Victor響 Vic. LM2296（1959年）
アルトゥール・ルービンシュタイン(Pf) ユージン・オーマンディ指揮 フィラデルフィア管 Vic. LSC3253（1971年）

ルドルフ・ゼルキンもアルトゥール・ルービンシュタインもこの「ブラ2」を得意なレパートリーとしており、それぞれに（僕の知る限りでは）四度ずつ録音している。何度録音してもまだもうひとつ納得できなかったのかもしれない。

ゼルキンはオーマンディ相手に三度「ブラ2」を録音しており、これが二度目のものだ。ゼルキンが所属していたコロムビア・レコードには、オーマンディ、セル、バーンスタインという三人の強力な指揮者がいたが、ゼルキンと最も相性が良かったのはオーマンディではないか。セルはいつも親分風（のようなもの）を吹かせていたし、バーンスタインはいささか気まぐれだった。オーマンディを女房役にしたときに、ゼルキンはようやく自分らしくなれたようだ。しかしこの一九五六年のフィラデルフィアとの共演盤はなぜかもうひとつ魅力に欠ける。難点なくよくまとめられた演奏なのだが、これという聴きどころが見当たらない。

その点、六六年のセルとの共演盤は気迫に満ちている。レールを敷いているのはおそらくセル／クリーヴランドだが、ゼルキンのピアノもどうして、負けてはいない。そんなに容易《たやす》くコントロールされてはいない。最初の一音からフィナーレまで、そういう両者の健全な火花の散らし合いが素晴らしく、聴き応えがある。

ルービンシュタインは録音のたびに指揮者とオーケストラを変えている。ど

れももうひとつ気に入らない、というみたいに。ミュンシュとの演奏は最初から門構えが大きくなりすぎて、ルービンシュタインのピアノは日頃の柔軟さを失っているみたいだ。音色もいつになく硬質で、聴いていてけっこうしんどい。

次のクリップスとの演奏、これもなんだか妙にせかせかしている。そんなに気張ってばりばり演奏することもないのに……と首を捻ってしまう。熱意があるのはけっこうなんだけど、気持だけが先走って身体が前のめりになっている印象を受ける。聴いている方も、落ち着いて音楽に浸れない。ルービンシュタイン、いったいどうしたのか？

ところが同じピアニストが、七一年のオーマンディとの共演盤になると、打って変わって落ち着いた、滋味溢れる演奏を繰り広げる。このときルービンシュタイン八十四歳、うまく娑婆《しゃば》っ気が抜けて、ちょうどいい具合にブラームスの雰囲気に着地している。テクニックにもまったく難はなく、とても八十四歳のピアニストとは思えない。奇跡のようだ。そして七十二歳のオーマンディの指揮もそれを受けて気合いが入り、オーケストラの音もしっかり腰が据わっている。ルービンシュタイン、ここに至ってまさに円熟の境地というべきか。

75) J・S・バッハ　ブランデンブルク協奏曲第4番 ト長調 BWV1049

パブロ・カザルス指揮 プラード音楽祭グループ Col. ML4346（1950年）
フリッツ・ライナー指揮 室内管弦楽団 Col. RL3105（1950年）
カール・ミュンヒンガー指揮 シュトゥットガルト室内管 London LLP144（1953年）
ルドルフ・バウムガルトナー指揮 ルツェルン音楽祭弦楽合奏団 Gram. 2535-142（1961年）
ロリン・マゼール指揮 ベルリン放送響 日Fontana FG-246（1967年）

ここに挙げたのは、オリジナル古楽器演奏が世界を席巻する以前の「古色豊かな」演奏ばかりだ。この手の演奏は一時期「時代遅れ」みたいに扱われたけど、そのうちにまたカムバックして再評価されるかもしれない（既にされているのかもしれないが）

カザルスはプラード音楽祭のために編成されたグループで、二度ブランデンブルクを録音しているが、これは古いモノラル盤の方だ。4番の独奏楽器は一台のヴァイオリンと二本のフルートで、ヴァイオリンはアレクサンダー・シュナイダー、フルートはジョン・ウンマー他一人が受け持っている。余計な装飾を実にさっぱりと切り落としたミニマリズム的演奏で、カザルスの気概が鮮やかに感じられる。二度目の録音（一九六四年）になるともう少し愛想みたいなのが出てくるが、この「超さっぱり感」はなかなか捨てがたい。

フリッツ・ライナーはシカゴの常任指揮者に就任する以前、ブランデンブルグ協奏曲全曲をコロムビアに吹き込んでいる。レコーディングのために東海岸の一流演奏家を集めて臨時の室内管弦楽団を組織していたようだ。カザルスと同じ一九五〇年の録音だが、カザルスのような極北的厳格さはここにはない。いかにもライナーらしい「ノーフリル」の音楽だが、そこには血肉の温かみがしっかり感じられる。今から見ればいくぶん古風なところはあるが、まとまりのある優れた音楽だ。

一九五〇年代のバッハ合奏ものはカール・リヒターとミュンヒンガーが中心

になって仕切っていたような印象がある。リヒターは比較的厳しく、ミュンヒンガーの方がソフトだった。ミュンヒンガーは何度も「ブランデンブルク」を録音しているが、この一九五三年のモノラル盤はシンプルで気品に満ちた演奏だ。つんつんもこちこちもしていなくて、とても人間的なバッハだ。この演奏を聴いていると、バッハという人物に対して自然な好意を抱いてしまう。そういうタイプの音楽って、世の中にはきっと必要ですよね。ヴァイオリンはコンマスのラインホルト・バルヒェット。

バウムガルトナーはスイスのヴァイオリン奏者で、一九五〇年代にルツェルン音楽祭弦楽合奏団を組織し、バロック音楽の普及に貢献した。この4番では指揮しながら、ヴァイオリンのパートを受け持つ。フルートの一人はハンス＝マルティン・リンデ。全体的によく磨かれ、心優しく押しつけがましさのない演奏だ。

当時「鬼っ子」ともいうべき存在だったマゼールは、相手がバッハだろうが何だろうが知ったことかと、例によって店先で一暴れしているのだが、この4番に関しては、最終楽章でいくらかぐいぐい押し込んでくるのを別にすれば、拍子抜けするほど穏やかに、まっとうに振る舞っている。なんとなく淋しいけど。

76) リスト　交響詩「前奏曲」

アーサー・フィードラー指揮 ボストン・ポップス Vic. LSC-2442（1967年）
コンスタンティン・シルヴェストリ指揮 フィルハーモニア管 Angel 35636（1958年）
ポール・パレー指揮 モンテカルロ国立歌劇場管 Concert Hall SMS2648（1970年）
フェレンツ・フリッチャイ指揮 ベルリン放送響 Gram. 2536 728（1959年）

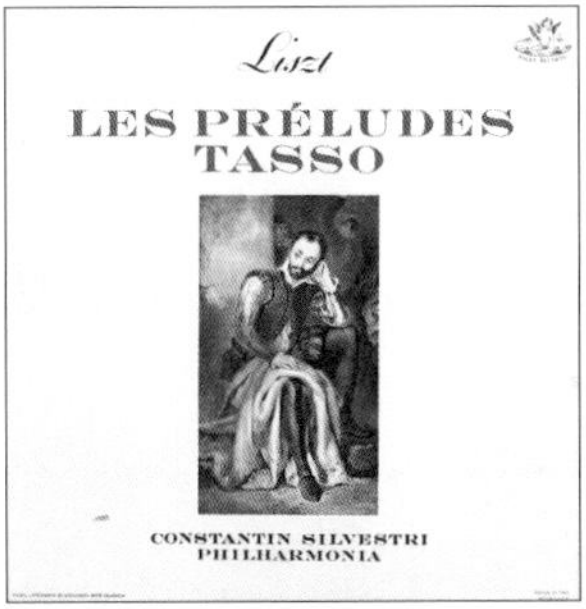

人生の究極の目的は死にあり、生きることはその前奏曲に過ぎない、ということで「前奏曲」というタイトルがつけられた。今さらそんなことと言われてもなあ……と思うけど。でも実際に聴いてみると、とくに重い意味を持つ音楽ではない。明るくさえある。そして現在のところリストが作曲した一連の交響詩の中で、最も頻繁に聴かれる曲になっている。この時代の芸術家って物事にいろんな意味をくっつけて生きていたんですね。けっこうムリがあるケースも多いみたいだけど。

この曲、探してみたらうちには上記の四枚のLPがあり、この機会にまとめて聴き直してみたのだが、それぞれにがらりと持ち味が違うので、感心し驚いてしまった。今更こんなことを言い出すのもなんだけど、音楽って面白いですね。譜面の読み方ひとつでぜんぜん違う顔が出てくる。

意外にというか、アーサー・フィードラーの演奏がしっかり充実して聴き応えがある。リストの音楽ばかり集めたアルバムに収録されているのだが、音楽が実にカラフルに手際よくまとめられており、録音も鮮やかだ。ボストン・ポップスは実質的にボストン交響楽団だから、腕に抜かりはない。最初から最後まで、メリハリ良く隙のない演奏を繰り広げる。「製品」としての完成度はピカイチだろう。

シルヴェストリはそれとは対照的に、じっくりと穏やかに淡い彩色で音楽をこしらえ上げていく。派手な仕掛けみたいなものはできるだけ排し、音楽の枠

組みを誠実に示すことに神経を払っている。そのへんの姿勢はかなり極端ではあるが、決して堅苦しいわけではなく、音楽はたおやかに美しく流れていく。フィルハーモニア管弦楽団は申し分のない楽音を奏でている。ただリストの音楽が持つ演技性みたいなものは省かれており、そのへんは聴く人の好みの問題になる。

それらに比べると、モンテカルロの音はいくぶん荒削りだ。ソロ楽器の洗練度も少しは落ちるかもしれない。しかし聞こえてくる音楽は生きが良くて楽しく、人間味が感じられる。景気の良いフィナーレなんて、「おお、やってくれるじゃないか」と愉快な気持ちになる。ポール・パレーという指揮者はしばしば興味深い演奏を提供してくれる。

フリッチャイはリストと同郷のハンガリー出身で、名前も同じフェレンツ。それもあってか、正攻法で正面から力強く攻めてくる。（この四枚の中では）おそらくいちばん正統的なアプローチの演奏だろう。指揮者は気性の荒い馬を乗りこなすように、オーケストラを巧みに引っ張っていく。フィナーレあたりで馬が少しばかり暴れますが。

競馬で言うなら、「本命がボストン、穴がモンテカルロ」というところか。どちらの演奏も聴いていて楽しく元気になる。

77) フランク　ヴァイオリン・ソナタ イ長調

ジノ・フランチェスカッティ(Vn)、ロベール・カサドゥシュ(Pf) Col. ML4178 (1946年)
ダヴィッド・オイストラフ(Vn)、レフ・オボーリン(Pf) Vanguard VRS-6019 (1953年)
アイザック・スターン(Vn)、アレクサンダー・ザーキン(Pf) Col. MS 6139 (1959年)
イヴリ・ギトリス(Vn)、マルタ・アルゲリッチ(Pf) 日CBS SONY 21AC 464 (1976年)
ジェームズ・ゴールウェイ(Fl)、マルタ・アルゲリッチ(Pf) 日CBS SONY 25AC464 (1978年)

魅力的ないくつかのメロディーを持った曲だが、全体を俯瞰《ふかん》して把握するのはそう簡単ではない。演奏者にとっても聴き手にとっても「難曲」の部類に入るかもしれない。まあ、フランクの曲ってだいたいそういう具合になっているけど。

フランチェスカッティは正々堂々と歌いまくることによって、その困難さを美しく愉しげに乗り切っている。女房役のカサドゥシュは、それを励ますように懐の深い優美なバックグラウンドを提供している。素敵なコンビだ。明るくはあるが、決して軽薄にはならず、高い音楽性が保たれている。聴き手が二人の美音の展開に聴き惚れているうちに、ソナタはすらりと完結してしまう。名演だ。

オイストラフの演奏も自由自在で見事だが、オボーリンも決して負けてはいない。というか、鋼《はがね》入りのオボーリンのピアノに背後から攻められるみたいに、オイストラフもいっそう燃える。そういう意味では二人の立場は、ソリストと伴奏者というより、むしろ対等に近いものになっているかもしれない。一九五三年、二人がソ連邦を離れてパリに滞在している際にこの録音はおこなわれた。どちらも四十代半ば、気力は遠慮なく充実している。

アイザック・スターンはこの曲において、その音の美しさと逞《たく》しさ（彼にとってのニつの大きな武器だ）をフルに活用している。傾向としてはフランチェスカッティの演奏に近いが、中身はより内省的だ。フランクの曲の中に一本通

った筋のようなものを解き明かそうという、誠実な意志がそこに感じられる。僕はこのディスクが昔から理屈抜きで気に入っていて、よくターンテーブルに載せた。カップリングされたドビュッシーのソナタも素晴らしい。アレクサンダー・ザーキンは四十年近くにわたってスターンの伴奏を務めたピアニストで、ここでもスターンの演奏を裏から細やかに支えている。

この曲におけるピアニストの重要性は、ギトリスとアルゲリッチが組んだ盤で、より明確になる。ギトリスの表現力も半端なく強力だが、それに対するアルゲリッチのピアノの静かな説得力には感心させられる。二人のインタープレーは聴き応えがある。ただしどちらもいささか粘液質っぽいので、フランク音楽の純正のファンには今ひとつ歓迎されないかもしれない。

アルゲリッチはこの録音の二年後に同じソナタを、ヴァイオリンの代わりにフルートが演奏するヴァージョンで、ジェームズ・ゴールウェイと共演しているが、相手の楽器がヴァイオリンからフルートに替わることでこんなにも印象が変わるものかと驚くほど、穏やかで叙情的な側面を見せている。比較して聴いてみると面白い。

78) ヨハン・シュトラウス　歌劇「ジプシー男爵」

クレメンス・クラウス指揮 ウィーン・フィル+ウィーン国立歌劇場合唱団
ユリウス・パッツァーク(T) エミー・ローゼ(S)他 London A4208 2LP (1951年) BOX
アーサー・フィードラー指揮 ボストン・ポップス管：オーケストラのための「ジプシー男爵」日Vic. SHP2259 (1957年)

クレメンス・クラウス指揮の喜歌劇「ジプシー男爵」は中古屋で見つけ、ボックスのデザインがあまりに素敵なので、中身のことなんて考えずに思わず買い求めてしまった（値段がたった一ドルという理由もあったけど）。ジャケットに描かれた絵を見ているだけでなんだか楽しくなってくる。おまけにパッケージだけではなく、中身の音楽も無類に楽しい。僕はウィーン風オペレッタの愛好者というのではないが、ここに詰まっている「100パーセント混じりけのないウィーン・サウンド」には何はともあれ感心してしまう。

残念ながらまだこのオペレッタ（シュトラウス自身はこれをオペラと呼んだが）の舞台を実際に目にしたことがないので、音楽を聴いて想像するしかないわけだが、物語の舞台となっているハンガリーは、十九世紀末のウィーン市民にとってはまだ異国情緒たっぷりの「辺境」だったのだろう。そういうエキゾティシズムを感じさせる艶やかなジプシー・メロディーや、勢いの良いチャルダッシュと、華やかなウィンナ・ワルツとが混じり合って、さぞや色彩豊かなステージが繰り広げられたに違いない。衣裳なんかもきっとカラフルだったはずだ。

指揮者のクレメンス・クラウスも、テナーのパッツァークも、ソプラノのエミー・ローゼもまさに戦前の古き佳きウィーンを象徴する顔ぶれだし、そういう時代の今はなき雰囲気を鮮やかに再現してくれる。それに加えてウィーン・フィルの奏でるシュトラウス音楽の音色の素晴らしさ。序曲に耳を澄ませてい

るだけでもうすっかり至福に浸ってしまう。そこには紛れのない本物の響きがある。こういうのってやはり、CDなんかではなく、ボックス入りのLPレコードを一枚一枚ひっくり返して聴かないと、空気感まではうまく伝わってこないのではないだろうか？

アーサー・フィードラーとボストン・ポップスが「オーケストラのための『ジプシー男爵』」というレコードを出しているが（片側は「オーケストラのための『こうもり』」）、これは歌の入らないオーケストラ部分の抜粋版だ。ただ曲の順番も無茶苦茶だし、誰がこのように編曲したのかも不明だ（明記はされていないが、他の誰もこの形で演奏していないところをみると、おそらくフィードラー自身がおこなったのだろう）。しかし面倒な理屈は抜きにして、気楽に聴き流していれば、音楽としてはなかなか楽しい。フィードラーはアメリカ生まれだが、父親はオーストリア人で、音楽もウィーンに留学して学んだだけあって、ウィンナ・ワルツの文法や語法はしっかり身についている。彼がにこにこと、いかにも楽しそうに指揮棒をふるっている光景が目に浮かぶし、そういうのはきっと大事なことなのだろう。

79）マーラー　交響曲第4番 ト長調

エドゥアルド・ファン・ベイヌム指揮 コンセルトヘボウ管 Dec. LXT 2718（1951年）
パウル・クレツキ指揮 フィルハーモニア管 英Col. 33CX1541（1957年）
オットー・クレンペラー指揮 フィルハーモニア管 英Col. 33CX1793（1961年）
フリッツ・ライナー指揮 シカゴ響 Vic. LSC-2364（1958年）
ヤッシャ・ホーレンシュタイン指揮 ロンドン・フィル EMI CFP159（1970年）

第1番と同じく、マーラーの交響曲が本格的なブームになる以前に録音されたLPを中心に集めた。

いちばん古い録音がベイヌム。ちなみにこの五人の指揮者の中ではベイヌムだけがユダヤ系ではない。もちろんユダヤ系だからマーラーに向いているというものでもないだろうが、一般的に言って、非ユダヤ系指揮者の演奏するマーラーにはいくぶん「あっさり味」の傾向があり（あくまで個人的感想）、このベイヌム盤についてもそれが言える。コンセルトヘボウはメンゲルベルク時代に仕込まれていたせいか、実にこなれた端正な音色ですらりと難なくマーラーを奏でる。どこまでも非粘液質的なマーラーだ。古いモノ録音だが英デッカの音は驚くほどクリアで素晴らしい。ただ残念ながらマーガレット・リッチーの歌唱はいささか場違いだ。

クレツキもマーラーの普及に努めた指揮者の一人で、この4番の演奏は熱く骨太だ。いかにも音楽を慈《いつく》しんでいる気持ちが聴き手に伝わってくる。音はいくぶん硬めのモノラルだが、フィルハーモニアはいつにも増して腰の据わった音を出している。クレツキはどちらかといえば地味な指揮者だが、静かに印象に残る演奏をいくつも残している。ソプラノはウィーンの名花エミー・ローゼ。

クレンペラーはクレツキの四年後に同じフィルハーモニア管弦楽団を指揮している。同じ楽団でも指揮者によってずいぶん感じが違ってくるものだ。クレンペラーの音の引きだし方は終始鋭く、個別の楽器がよく鳴っている。クレツ

キほどの率直な熱っぽさはないが、音作りの緻密さに聴き惚れてしまう。おそらく楽譜の読みが深いのだろう。シュヴァルツコップの歌唱はさすがに聴きごたえがある。

ライナーの指揮するシカゴ交響楽団は見事に充実した、底力ある音を出している。ライナーはマーラーの作品をごく僅かしか録音していないが、そのことが不思議に思えるほどこの4番の演奏は心を刺す。緊張が最後まで一貫して持続し、そこに時折控えめな叙情が混じる。まるで雲間から一筋の曙光《しょこう》が差すように。そしてデラ・カーザの歌唱も一輪の花を添える。アナログの音質も曇りなく素晴らしい。

録音は一九七〇年と比較的新しくなるが、ホーレンシュタインも昔からマーラー演奏には定評のある人だ。聴いてまず感じるのは、音の作り方やリズムの取り方、テンポの設定などが他の人とかなり違っているということ。つまり個性的なのだ。どちらかといえば土着的、ユダヤ文化の香りもかなり強い。言うなればベイヌムの対極にある演奏だ。その持ち味を好むか好まないかは、あくまで個人の嗜好の問題になる。あるいは慣れの問題になる。演奏そのものの質は問題なく優れている。歌手はマーガレット・プライス。

80）チャイコフスキー　ピアノ協奏曲第1番 変ロ短調 作品23

ウラジミール・アシュケナージ(Pf) ロリン・マゼール指揮 ロンドン響 London SXL6058（1963年）
ジョン・オグドン(Pf) バルビローリ指揮 フィルハーモニア管 英Col. ALP1991（1962年）
ヴァン・クライバーン(Pf) キリル・コンドラシン指揮 RCA響 Vic. LSC-2252（1958年）

アシュケナージとオグドンは一九六二年のチャイコフスキー・コンクールで優勝を二人で分け合った。一九三七年生まれの同い年だ。僕は高校生のとき、このアシュケナージの「チャイコン」のLPを買って、それからしばらくアシュケナージにどっぷりはまっていた。大阪フェスティバルホールの来日コンサートも聴きに行った。もう長いことこのレコードを聴いていなかったのだが、久しぶりにターンテーブルに載せて、「ああ、やっぱりこれ、いいよなあ」と改めて実感した。マゼールも若いし、アシュケナージも若い。なにより音がぴ、い、ち、ぴ、ち、し、ている。

当時アシュケナージとオグドンは、実力派若手ピアニストの双璧だったが、後年になって明暗がはっきり分かれた。オグドンは病を得て若くして亡くなり、その存在は次第に忘れられつつある。一方のアシュケナージは大成し、押しも押されもせぬ巨匠となった。でも僕は思うのだが、どちらにとっても一九六〇年代から七〇年代初期にかけてが、最も溌剌と輝いていた時代ではなかっただろうか。

一九五八年にやはりチャイコフスキー・コンクールで優勝を遂げたアメリカ人ピアニスト、ヴァン・クライバーンも輝いていた時期は短かった。国家的英雄として華々しく凱旋してきた後、やり手のプロモーターにツアーからツアーへと引き回されて才能を磨り減らし、体調も崩し、半ば引退状態へと追い込まれた。コンクールで優勝するのも良し悪しだ。

オグドンの「チャイコン」の指揮はベテランのバルビローリ、レコード会社はアシュケナージの「チャイコン」を出した英デッカとはライヴァルのＥＭＩ系列——まさに好敵手同士のガチンコ勝負というところだ。しかしレコードの出来に関してはやはりアシュケナージに軍配が上がるだろう。訴えかけてくる力が違うのだ。オグドンの演奏の何がいけないというのではない。演奏は充実している。ただオグドンの演奏はいささか理にかないすぎていると言えるかもしれない。それに比べてアシュケナージの演奏は感性、心持ちがまっすぐほとばしり出ている。そこには人を強く惹きつける若々しさ、清新さ、勢いがある。実際に当時、オグドンのレコードはアシュケナージのものほど話題にならなかったと記憶している。

クライバーンの「チャイコン」は、ビルボードのポップス・ヒットチャート、ＬＰ部門で売り上げ首位に立った。クラシック音楽としてはまさに前代未聞の出来事だ。それくらい彼は「社会現象」になっていたのだ。このレコードは今聴いても素晴らしい出来だ。強靱なタッチ、見事な指使い、ギャラントな風格、すべてが易々と成し遂げられているという感覚に圧倒されてしまう。そしてそういう輝かしい達成が、彼のキャリアの最初に起こってしまったという事実に、ある種の哀しみを感じてしまうことになる。

コンクールの栄冠を得た三人の才能ある若者たちが、それぞれ辿った運命に思いを馳せながら、三枚の「チャイコン」に久しぶりに耳を傾けた。

81）シューマン　チェロ協奏曲 イ短調 作品129

ガスパール・カッサード(Vc) イオネル・ペルルレア指揮 バンベルク響 Dot VOX5513 (1956年)
ピエール・フルニエ(Vc) マルコム・サージェント指揮 フィルハーモニア管 Angel 35397 (1956年)
ロストロポーヴィチ(Vc) レナード・バーンスタイン指揮 フランス国立管 日Angel EAC80329 (1976年)
リン・ハレル(Vc) ネビル・マリナー指揮 クリーヴランド管 日London L28C-1395 (1981年)

カッサードとフルニエという、二人の名高いチェリストが同じ一九五六年に録音したシューマンのチェロ協奏曲。どちらも優れた演奏だが、芸風はかなり異なる。フルニエの演奏は字で言えば柔らかな楷書体だ。少しばかり崩されてはいるものの、読みやすく、そして目に優しい。音楽は気品をもって自然に、雄大に流れていく。その楽器は歌うべきところではメロディーを十全に歌い上げるが、そこには然るべき抑制がセットされており、いたずらに情緒に流されるようなことはない。そのような「フルニエ的姿勢」は一貫しており、終始揺らぐことがない。

それに比べるとカッサードは最初の一音から、楽器を遠慮なくむせび泣かせる。情感を楽器に委ねることを寸分も躊躇しない。始めのうちは開けっぴろげなロマンティシズムに少しばかり戸惑うが、やがてその芸風に馴染み、愉しむようになる。こういう演奏もあっていいだろう、と。カッサードは同じバルセロナ出身のカザルスに学び、その愛弟子となったのだが、どう考えても師匠とは目指す方向が違っている(二人の親密な師弟関係は後年、政治的な理由から決裂した)。しかしいずれにせよ、今の時代のチェリストで、これほど確信を持って自分の個性=スタイルを貫ける人はまずいるまい。そういう意味では得がたい記録だ。LPにはカッサード自身が協奏曲に編曲したシューベルトの「アルペジオーネ・ソナタ」がカップリングされている。正直言って、わざわざ編曲する必要性があったとも思えないのだが……。

ロストロポーヴィチは情熱を傾注し、前向きにホットに音楽を作り上げていく。そのコミットメント（のめり込み）に不足はない。それを支える演奏技術も万全だ。音色はどこまでも骨太で、音楽全体の構造を明確に浮かび上がらせていく。「チェロはこのように心を込めて弾く」というお手本のような演奏だ。バーンスタインはそんな雄弁なチェロ独奏を尊重しながら、力強く有効な背景を賦与していく。ＬＰにカップリングされたブロッホの演奏については前に書いた。

ニューヨーク生まれのリン・ハレルは（当時）売り出し中の「新世代」チェリストとして、はっとするような清新な演奏を聴かせてくれる。彼のチェロの歌い方は、偉大なる先人たちとはずいぶん違ったものだ。彼の奏でる音は深く鮮やかだが、そこには重量感みたいなものは感じられない。まるで車重を落としたスポーツカーのように、彼の楽器は小回りのきく、軽快なパフォーマンスを小気味良く展開する。そこには窓を大きく開けて、新しい外の空気を取り込んだような爽快さが感じられる。シューマンの音楽がいつも以上に若々しく感じられる。ロストロポーヴィチの演奏は確かに素晴らしいけれど、居住まいがちょっと立派過ぎるんじゃないかと感じる人には、こちらが向いているかもしれない。

82) ブラームス　ピアノ三重奏曲第1番 ロ長調 作品8

アイザック・スターン(Vn)、パブロ・カザルス(Vc)、マイラ・ヘス(Pf) Col. ML4709 (1956年)
ヘリンク・シェリング(Vn)、ピエール・フルニエ(Vc)、ルービンシュタイン(Pf) 日Vic. SRA-2948 (1972年)
ジャン＝ジャック・カントロフ(Vn)、フィリップ・ミュレール(Vc)、ジャック・ルヴィエ(Pf) Carastro SAR7704 (1977年)

ブラームスのピアノ・トリオの1番は、彼が弱冠二十歳のときに書き上げた作品だが、何度聴いても実に美しい音楽だ。フォームがばらけてしまう箇所がところどころ目に付くものの、「青春の息吹」みたいなものが十分その埋め合わせをしてくれる。しかしブラームスはこの作品の未熟さに不満を抱いており、五十八歳のときに大幅に加筆をおこなった。

スターン、カザルス、ヘスの臨時編成のトリオは加筆版の方を演奏している（他の二枚も同じ）。三人の奏でる音楽は室内楽というよりは、こぢんまりとした信仰告白集会のような趣を持っている。室内楽臭さがない、というと語弊があるかもしれないが、いわゆる「室内楽」の約束事のようなものがそこにはほとんど感じられないのだ。ただ三人の優れた演奏家が自発的に楽器を持ち寄って、簡素な環境の中で、まるで祈るように音楽を紡ぎ出している——そんな素朴で親密な雰囲気が漂っている。その中心にいるのはもちろんカザルスだ。しかしカザルスが流れを誘導しているわけではなさそうだ。彼がそこにいるだけで、個性ある音楽が巧まずして出来上がっていくのだろう。

それに比べると、シェリング、フルニエ、ルービンシュタイン組は、とびっきり上等な室内楽だ。それぞれに超一流の演奏者である彼らは、どうすれば上質な室内楽ができるかを隅々まで熟知している。彼らの演奏にはほとんどケチのつけようがない。三人の中心にいるのは明らかにルービンシュタインだが、音を聴いている限り、三人の楽音はまったく対等に聞こえる。ピアニストは他

の二人に敬意を払い、二人はその心遣いに熱を込めて真摯に応える。流麗なインタープレーにうっとり聴き惚れてしまうわけだが、もしそこにあえて（あくまであえて）ケチをつけるとしたら、それは演奏が「あまりに上等すぎる」ということかもしれない。少しくらい正座を崩しても……というのは望みすぎだろうか？　カザルスの滋味豊かな、人間的な演奏を聴いたあとでは、ついそんな気持ちになってしまうのだ。

カントロフは僕の好みのヴァイオリニストで、彼のモーツァルトのソナタと協奏曲はどれも素晴らしいと思う。このブラームスでも彼のヴァイオリンは先頭に立って、美しく大胆に音楽に切り込んでいく。そして歌うべきところは実に滑らかに歌う。ルヴィエのピアノもそれを雄弁にバックアップする。しかし曲の流れをリードしているのはあくまでカントロフだ。この思い切りの良い演奏を聴いていると、ブラームスの青春期の熱い息吹が時を超えて蘇ってくる。ブラームス特有の晦渋《かいじゅう》な部分はすらりとそぎ落とされ、あるいは巧みに宥《なだ》められ、そのへんはけっこうフランスっぽいかもしれない。とにかく性格のはっきりした演奏だ。僕が持っているのは45回転のＬＰだが、録音も鮮やかで素晴らしい。

三者三様、どれも捨てがたい。

83) シベリウス　交響詩「ポヒョラの娘」作品49

セルジュ・クゼヴィツキー指揮 ボストン響 Victrola VIC1047（1936年）

マルコム・サージェント指揮 BBC響 EMI CFP114（1958年）

ジョン・バルビローリ指揮 ハレ管 Capitol SP8669（1966年）

エイドリアン・ボールト指揮 ロンドン・フィル 日Van. K18C-6378（1956年）

エサ＝ペッカ・サロネン指揮 フィルハーモニア管 CBS M42366（1986年）

フィンランドを旅行したとき、シベリウスの晩年住んでいた家を訪れたことがある。とても質素な家で、当時は水道も通っていなかったという話だった。たぶん華やかさがうまく身につかない人だったのだろう。その過度なまでの質素好きに家族はけっこう迷惑したようだが。

シベリウスは多くの「交響詩」を残しており、その中では「フィンランディア」が最も有名だ。「ポヒョラの娘」は比較的目立たない存在だが、愛すべき小品だ。

この五枚のレコードの中では最も初期に吹き込まれたのがクゼヴィツキーの演奏だ。当時まだシベリウスは存命中の現役作曲家だった。もちろんSP盤からの復刻。音はそれなりに古いが、音楽は生き生きしている。演奏はドラマティックだがこれ見よがしではなく、同時代的共感に満ちている。

英国人の指揮者たちはなぜか好んでシベリウスの作品を指揮するようだ。シベリウスの音楽——抑制された情熱と北方的神秘性——はあるいは英国人の気質に合うのかもしれない。サージェント、バルビローリ、ボールトといういかにも英国人らしい三人の指揮者は、それぞれに優れた「ポヒョラの娘」の録音を残している。

三人の中ではサージェントの演奏が（珍しくというべきか）いちばんパッショネイトだ。指揮者の手綱は終始緩みなく引き締められている。焦点が絞られ、オーケストラはそこにまっすぐ切り込んでいく。初期のステレオ録音で音が少

し硬質に感じられるが、これはまあ好みの問題だろう。

それに比べるとバルビローリの演奏は、どこまでも美しい中庸に徹している。まるで炉端で語られるお話に耳を傾けているみたいに、音楽が自然に心地よく前に進んで流れていく。とても上質な演奏だ。長年にわたってシベリウスのスペシャリストとされてきただけのことはある。その音楽を自家薬籠中のものとしている。録音もクリアで奥行きが感じられる。

ボールトの演奏はどっしりと腰が据わっている。せかせか前のめりになるのではなく、やってくる音楽をしっかり引き受けて、巧みに捌《さば》いていく。この人の音楽はときどき構えがまっとうすぎて退屈に思えることがあるが、この曲に関してはそのへんの落ち着き方がとても見事だ。風格のある音楽に仕上がっている。

クゼヴィツキーの録音からちょうど半世紀後に、フィンランド人の指揮者エサ＝ペッカ・サロネンがこの曲をディジタル録音している。もちろん音は格段に良い。このように新しい録音で聴くと、シベリウスの管弦楽曲はずいぶん演奏効果に優れているんだなと実感する。しかし逆に言えば、そういう（音響的）演奏効果抜きでもクゼヴィツキーは生命力溢れる音楽をこちらの耳に直送してくれていたのだと、あらためて感心してしまうことになる。サロネンの演奏は大胆にして華麗、オーディオのデモンストレーション的には完璧かもしれないが、身振りが大きすぎて、前記四人の先達の演奏に比べると少しばかり底が浅いように僕には感じられる。

84〈上〉マーラー　「亡き子を偲ぶ歌」

キルステン・フラグスタート(Ms) エイドリアン・ボールト指揮 ウィーン・フィル London OS25039 (1958年)
モーリン・フォレスター(contralto) シャルル・ミュンシュ指揮 ボストン響 Vic. LSC2371 (1960年)
ジャネット・ベイカー(Ms) レナード・バーンスタイン指揮 ニューヨーク・フィル 日CBS SONY SOCO145 (1974年)
ジャネット・ベイカー(Ms) ジョン・バルビローリ指揮 ハレ管 EMI ASD2338 (1967年)

死んだ幼い子供を偲ぶこの歌曲を作曲したあと、実際に愛娘を亡くしてしまったマーラー。先にある気持ちを予告するかのような、深い哀しみと愛おしさに満ちた世界だ。そんな情感をどれほど切実に（でも大げさにならずに）醸《かも》し出せるかというのが、この曲の歌唱の要点になる。まずは女声で歌われた四枚のLP。

フラグスタートはワグナー歌手として名を馳せたメゾソプラノで、マーラーを歌うことは珍しい。エイドリアン・ボールトがウィーン・フィルを指揮してマーラーを演奏するというのもまた相当に珍しいことだ。というわけで珍しいだらけなのだが、フラグスタートはこのとき六十三歳、第一線を退いて年月も経っており、声の衰えは隠しがたい。そのぶん長年の経験から得た歌唱力に頼ることになるわけだが、そのプラス・マイナスの分岐点をどのへんに求めるかというのは、聴くものの判断に任せられる。ボールトの指揮は手堅く、慈愛に満ちている。あるいはこれは、オーケストラを中心に聴いてもいい演奏なのかもしれない。

モーリン・フォレスターはマーラーを得意とする歌手としてデビューしたカナダ人。この録音時には三十歳で、フラグスタートとは対照的にまさに脂の乗りきった年齢だ。だから声質や声量にはまったく問題はない。しかしその音楽的表現にはどうも馴染むことができない。個人的な好みもあるのだろうが、情感をむき出したような彼女の歌唱に、僕としては首を捻らざるを得ないのだ。

それに加えてミュンシュ――この人はその長いキャリアの中で、マーラーの音楽をほとんど取り上げたことがない――の指揮にもいささか問題があるのでは。いずれにせよ残念ながら、全体的にもうひとつ深みの感じられない音楽になっている。

英国人のジャネット・ベイカーもマーラー歌手として高く評価されていた歌手で、このバーンスタインとの録音でも卓越した歌唱を聴かせてくれる（録音地はイスラエル）。彼女は感情を抑えに抑え、それでもこみ上げてくるものを「行間」からじわりと滲み出させる。そこに強く豊かな説得力が生まれる。それを受けるバーンスタインの指揮も微妙な陰影に富んでいて、聴き応えがある。バーンスタインは八八年にバリトンのトマス・ハンプソンを得て、ウィーン・フィルとこの曲を録音している。気力充実した優れた演奏だが、少し劇的に過ぎるかもしれない。僕はどちらかといえば、このベイカーのさらりとした歌唱のたたずまいの方を好んでいる。

ベイカーはその七年前にもバルビローリと組んで「亡き子」を録音している。こちらもバーンスタイン盤に劣らない心ある歌唱だが、僕はバーンスタインの熱情を込めた、しかし抑制の効いた精緻な伴奏をより高く評価したい。

84〈下〉マーラー 「亡き子を偲ぶ歌」

フィッシャー＝ディスカウ(Br) ルドルフ・ケンペ指揮 ベルリン・フィル HMV EMI XLP30044（1955年）
フィッシャー＝ディスカウ(Br) カール・ベーム指揮 ベルリン・フィル Gram. 138 879（1963年）
キャスリン・フェリア(A) ブルーノ・ワルター指揮 ウィーン・フィル Eterna 720 202（1949年）10インチ

まずバリトンのフィッシャー＝ディスカウが歌った「亡き子」が二種類、どちらも定評のある優れた歌唱だ。

マーラーの歌曲の歌唱を「濃い味」と「あっさり味」に分けると、フィッシャー＝ディスカウはどちらかといえばといえばということだが）「あっさり味」になると思う。つまり劇的に歌を盛り上げるよりは、内面からじわりと情感を醸《かも》し出すというスタイルの歌唱だ。しかしそれなりの抑制みたいなものはあるにせよ、十分にドラマティックではある。身振りが必要以上に大きくない、というだけのことだ。

ルドルフ・ケンペと共演したときのフィッシャー＝ディスカウはまだ弱冠二十七歳、美しい声にはのびのびとした若々しさが感じられる。しかしその声の力を必要以上に強調することはなく、意識は深い感情表現へとまっすぐ向かっている。ケンペの指揮は終始穏やかで控えめで、若き歌手の歌唱の誠実なバックアップに徹している。歌唱にもオーケストラにも、マーラー独特の「ねちっこさ」はあまり感じられない。あくまで知的で内省的。位置的にはマーラー独自の世界というよりは、むしろドイツ・リートの伝統的本流に近いかもしれない。「マーラー風味」が不足していて物足りないと感じる人もいるだろうが、これはこれで味わい深い。

ベームと共演したときのフィッシャー＝ディスカウは三十五歳、壮年にさしかかっているが、その歌唱の方向性は八年前の旧盤と基本的に違いはない。抑

制された美声と、内面から自然ににじみ出てくる情感。ただベームの伴奏はケンペに比べると、より前面に足を踏み出している。ベームはマーラーをあまり得意とはしない人だが（たしか歌伴以外にはマーラーの曲を正規録音していなかったのではないか）、ここではかなり積極的にオーケストラを歌唱に絡ませている。歌手もそれを受けて、とくに後半に向けて随所で音楽的盛り上がりを見せる。

どちらのレコードも、フィッシャー＝ディスカウの歌唱は優劣つけがたく素晴らしい。というか、欠点を見いだすのがほとんど不可能だ。あとはケンペとベームの伴奏（どちらもベルリン・フィル）をどう評価するかということになるが、僕としては慣れないマーラーの音楽に正面から積極的に取り組んだベームの姿勢をより高く評価したいと思う。ケンペの「あっさり味」もそれなりに捨てがたいけれど。

最後にキャスリン・フェリアがブルーノ・ワルターと残したきわめつけの名盤。一九四九年にロンドンで吹き込まれた。これを聴くと、彼女がもう別格のマーラー歌手であったことが実感できる。他の歌手たちと比べる気持ちが失せてしまう。実に素晴らしい歌唱だ。ワルターの指揮するウィーン・フィルの音色も絶妙、静かなドラマが心に染みる。クレンペラーと残した一九五一年のBBC実況盤も見事だが、やはりこちらの方を聴くべきだろう。

85) ドリーブ　舞踏組曲「コッペリア」

ロバート・アーヴィング指揮 フィルハーモニア管 HMV ASD 439 (1959年)
ピエール・モントゥー指揮 ボストン響メンバー HMV ALP 1475 (1955年)
エルネスト・アンセルメ指揮 スイス・ロマンド管 London CS-6124 (1957年)
エイドリアン・ボールト指揮 フィルハーモニック・プロムナード管 日PYE WW3020 (1967年) 10インチ
ヘルベルト・フォン・カラヤン指揮 ベルリン・フィル 日Gram. SLGM-1049 (1961年)

自動人形コッペリアに恋した村の青年フランツと、そのことに腹を立てる恋人スワニルダの繰り広げる喜劇を元にしたバレエ音楽。全曲盤になるとかなり長くなるので、すべて抜粋版。まあ、この全曲盤をどうしても聴きたいという人の数はかなり限られるのだろう。舞踏音楽なので、もともとは踊りの伴奏を目的とした実用的な音楽だったわけだが、現代ではその実用性は薄れて、鑑賞用に演奏されることがほとんどだろう。そのへんの線引きも演奏のポイントのひとつになる。

ロバート・アーヴィングは英国人だが、長年にわたってニューヨーク・シティー・バレエの音楽監督を務め、ジョージ・バランシーンと共に数々の舞台を手がけた。オーケストラ指揮者としても、舞踏音楽のスペシャリストとして数多くの録音を残している。さすがに手馴れた演奏で、リズムが生き生きして、細部まで要を得ている。ヴァイオリンの独奏はユーディ・メニューインが担当しており、オーケストラも優秀、スマートで品良く楽しめる音楽に仕上がっている。

ピエール・モントゥーは聞かせどころをよく心得ている。ディアギレフ・バレエ団で長年指揮をしていた人だから、舞踏音楽はお手の物だ。バレエ音楽らしいメリハリもしっかりついている。ただそのメリハリがいささか耳につくところもないではない。ドリーブが活躍していた十九世紀末のフランスの劇場ではおそらく、実際にそのようなスタイルで演奏されていたのだろうが、現代の

リスナーの耳には少しばかり大時代に響くかもしれない。

アンセルメはモントウーと同時代の人で、同じようにディアギレフのバレエ団で指揮をした経験を持つが、彼の演奏する「コッペリア」には古っぽいところは感じられない。余分な化粧っ気もなく、ニュートラルにさっぱりしており、録音後六十数年を経た今聴いても、抵抗なく楽しめる。よく知られたメロディーがちりばめられている曲だが、アンセルメの演奏は通俗に堕することがなく、あくまで上品さを保っている。スイス・ロマンド・オーケストラの音色は高品質で華麗だ。

ボールトはあくまで中庸を重んじる人で、英国紳士的に姿勢正しい演奏をすることが多いのだが、ここでは意外なほど表情豊かに音楽をつくろうと務めている。それはいいのだが、チャルダッシュやマズルカではリズムがいくぶん古めかしい「ぶんちゃか」になってしまって、違和感を感じてしまうことになる。

カラヤンの演奏は、僕の耳にはいささか強引に音楽を作りすぎているように聞こえる。とくにテンポの設定が気になって仕方ない。チャルダッシュの冒頭のおそろしくゆっくりした入り方なんかは、なんだか田舎芝居を見ているみたいな気にさせられる。これでは踊り手も踊りにくいのではあるまいかとちょっと心配になってしまう。

86）J・S・バッハ　「音楽の捧げ物」BWV1079

ユーディ・メニューイン指揮 バース音楽祭管メンバー Angel S35731（1964年）
イゴーリ・マルケヴィッチ指揮 フランス国立放送管 Angel 45005（1957年）
カール・ミュンヒンガー指揮 シュトゥットガルト室内管 Oecca LXT 5036（1954年）10インチ

メニューインとマルケヴィッチ、この二枚のLPを聴き比べるのは興味深くはあるが、同時にとても厄介な作業でもあった。なぜなら同じ一つの曲でありながら、まったく違う曲のように聞こえてしまうからだ。

バッハは最晩年にこの曲を出版したのだが、あまりに多くの事柄が謎のままに残されている。まず多くの部分で楽器編成の指定がない。また各ピースの演奏順序も確かではない。ピースとピースとの間の関連性も不明確だ。おまけに「謎のカノン」と呼ばれる一連のカノンがあり、単旋律に「求めよ、さらば見つからん」という謎かけみたいな文句が記されているだけだ。

つまり言い換えれば、指揮者の一存でどんな風にも演奏できてしまうわけだ。そしてマルケヴィッチとメニューインはそのような自由裁量権を手にして、こってりと自分流のアレンジメントを施している。とくにマルケヴィッチは有能な作曲家でもあり、大幅な補作をおこなっている。そして四十二人編成（弦楽プラス四つの管楽器）のオーケストラを三つの楽団に分割し、それぞれ独立して演奏させるという変則的な手法をとっている。目的は対位法を徹底的に煮詰めていくことにある。

一方のメニューインは六人の弦楽奏者にフルートとバスーン、そしてハープシコードを加えただけのシンプルな編成だ。このヴァージョンには、内的一貫性を保つために十八世紀音楽の様々な部分が「繋ぎ」として引用・使用されているると、ジャケットには書かれている。要するに綿密な「手入れ」がなされた

ということだ。

そんなわけでこの二枚のレコードを聴き比べると、あまりに音楽が違いすぎて頭がくらくらしてくる。どちらかだけを聴いているときには、気持ちよく聴き流していたのだが、真剣に耳を傾けると「いったい何が正しいんだ？」という根源的な疑問にぶち当たる。こういうのって、健康には良くないかもしれない。何も知らないで、音楽だけを素直に聴いている方が正解なのかもしれない。

僕は音楽の専門家ではないので、どちらの演奏がより正統的でどちらの演奏が邪道だ、みたいなことはとても言えない。ただ正直に感想を言わせてもらうなら、メニューインの演奏の方がより素直に自然に聴くことができる。マルケヴィッチの方がよりこってりクセがある——というかそこには途中から「魔性」の気配さえ漂い始める。

そんなわけで一般のバッハ・リスナーには（どのような「改訂」が為されているのかは知らないが）メニューインの版を、あえて「マルケヴィッチの穴」に入っていきたいというコアなリスナーにはマルケヴィッチの版を勧めたいと思う。

もっと普通に、ややこしいこと抜きで音楽を鑑賞したいという方には、バロック音楽の草分けとも言うべきカール・ミュンヒンガーの指揮するレコードが良いかもしれない。優しく落ち着いたバッハの音楽世界だ。中庸の寛ぎとでもいうか、とりわけトリオ・ソナタが美しい。

87) チャイコフスキー　幻想序曲「ロメオとジュリエット」

小澤征爾指揮 サンフランシスコ響 日Gram. 20MG0190（1972年）
シャルル・ミュンシュ指揮 ボストン響 Victrola VICS1197（1956年）
アンタル・ドラティ指揮 ロンドン響 Mercury SR90209（1961年）
ヘルベルト・フォン・カラヤン指揮 ウィーン・フィル London CS6209（1961年）
イーゴリ・マルケヴィッチ指揮 フィルハーモニア管 仏Col. SAXF847（1960年）

「幻想序曲」というよく訳のわからないタイトルがついているが、まあ「交響詩」みたいなものだ。シェイクスピアの戯曲のいくつかのシーンに沿って曲が進行する。色彩豊かなオーケストレーションと、若き日のチャイコフスキーのロマンティシズムをどのように表現するか、それが演奏のポイントになる。ここに挙げた五枚のLPはすべて水準の高い演奏で、どれをとっても文句なく楽しめるだろう。細かい優劣をつけるのも意味がないくらいだが、もちろんそれぞれに特徴はある。

小澤征爾の演奏は若者の覇気が溢れており、それでいて細部までしっかり綿密に練り上げられている。勢いよく、しかも破綻がない。そのできばえにただただ感心するしかない。サンフランシスコ時代の小澤が残した傑作のひとつだろう。LPのもう片面に収められたプロコフィエフの「ロメオとジュリエット」も名演だ。

小澤の若々しさに対して、ミュンシュの演奏はまさに熟練指揮者の至芸とも呼ぶべきものだ。指揮棒の細かな動きが見えてきそうなくらい全体に緊迫感が漂い、音楽がドラマティックに張り詰めている。オーケストラも指揮者の意図にぴったりと寄り添い、隙がない。

この時期（一九六〇年前後）のドラティはミネアポリス響とロンドン響をほとんど交互に振って、マーキュリーのためにチャイコフスキーの音楽をまとめて録音している。オケをこまめに替える理由はわからないが、でもロンドン響

を指揮したこのチャイコフスキーの演奏には確かな躍動感がある。ロマンティックな描写と、緊迫したシーンの絵筆の使い分けが鮮やかだ。テンポの速い部分はいくぶんせかせかしているように感じられなくもないが、英国録音の音響の素晴らしさは魅力だ。

　オーケストラの魔術師（色事師）、カラヤンはこういう技巧的な曲になると俄然本領を発揮する。速いテンポの部分になっても、ドラティとは違ってせかせかはしない。ただスピード感があるだけだ。音色は豊か、しかしカラフルであっても余分な色づけはされていない。やっぱ、うまいなあと思わず感心してしまう。

　マルケヴィッチは不思議な指揮者だ。彼の演奏が常にそれほど素晴らしいわけではない。とくに素晴らしくないという場合ももちろんある。でもこの人がいったんツボにはまったときの演奏は、どこまでも特別なものになる。たとえばこの「ロメオとジュリエット」の演奏にはどの他の盤にも見いだせない、何かしら特殊な輝きが具わっている。それがどんなものなのか、僕には具体的に説明できない。しかし聴いていると身体がぞくぞくしてくる。音楽が生きていて、動いている音がする。その手触りがじかに伝わってくる。そう感じるのは僕だけなのだろうか？

88）プロコフィエフ　「スキタイ組曲」作品20

アンタル・ドラティ指揮 ロンドン響 Mercury SR-90006（1957年）
エーリッヒ・ラインスドルフ指揮 ボストン響 Vic. LSC-2934（1967年）
レナード・バーンスタイン指揮 NYフィル Col. MS7221（1969年）
クラウディオ・アバド指揮 シカゴ響 Gram. 2530 967（1978年）

「スキタイ組曲」の原型がバレエ音楽として作曲されたのは一九一四年のことで、どう聴いてもその前年に発表されたストラヴィンスキーの「春の祭典」に影響されたとしか思えないところがある。ディアギレフはおそらくそのへんが気に入らなかったのだろう、この作品の採用を見送った。プロコフィエフ青年はがっかりしたものの、それを管弦楽組曲に作り替え、一九一六年（ロシア革命のまさに前夜）に自分で指揮してペテルブルクで初演した。しかし聴衆の反応はおそろしく悪く、多くが席を立って退出したという。「粗野で破壊的でうるさい」というのが大方の世評だった。

ドラティはマーキュリーの優れた録音技術を得て、「粗野で破壊的でうるさい」要素を余すところなく鮮やかに表現している。一九五七年、ステレオ最初期の録音だが、今聴いても驚くほど生々しい音が鳴り響いている。ロンドン交響楽団の咆吼《ほうこう》も逞《たくま》しい。これは大型スピーカーを思い切り鳴らして聴いていただくしかないだろう。僕もこのレコードで初めてこの曲を聴いてひっくり返った。

ラインスドルフとボストン交響楽団は一九六〇年代後半に、プロコフィエフの交響曲と管弦楽曲を集中して録音している。ラインスドルフはオペラ以外では、今ひとつレパートリーが定まらなかった指揮者だが、プロコフィエフの音楽に関しては内容が意外に（というか）安定し充実している。この「スキタイ組曲」でも確実な音を鋭く無駄なく叩きだしている。ボストン響（とくに木管

部）の底力をひしひしと感じさせるＲＣＡのLiving Stereo録音も見事だ。

バーンスタインの「スキタイ」はダイナミックでワイルドだが、暴力的ではない。そこにあるのはスマートに設計図を引かれた近代的な強靭さだ。指揮者はＮＹフィルという巨大なマシーンを遺漏なくコントロールしている。こういう現代に近接した曲を演奏させると、この時期のバーンスタイン／ＮＹフィルは無敵の組み合わせだ。ただし古代の秘教的理不尽はここにはない。録音は優秀だがいささか硬質。

時代が下って一九七八年録音のアバド／シカゴ響の演奏。まず驚かされるのはその音の響きの深さだ。マーキュリーの音の特色が前面に大きく飛び出してくる暴力性にあるなら、このＤＧ（ドイツ・グラモフォン）の音の特色は奥底から湧き上がってくるような不気味さにある。アバドの指揮も見事だが、音響にも感心してしまう。ライナー・ブロックを初めとするドイツ録音チームがシカゴまで出向いてこの作業をおこなった。アナログ録音時代末期の素晴らしい達成だ。

若き反逆児、プロコフィエフが持てる力を傾注して描いた古代の荒々しく野卑な風景を、いかに音として再現するか、指揮者や演奏者のみならず、各レコード会社の録音技師の腕の見せ所でもある。繰り返すようだが、この音楽ばかりは大きなスピーカーでがんがん鳴らして聴いてもらいたいものだ。

89）モーツァルト　弦楽四重奏曲第15番 ニ短調 K.421

ジュリアードSQ 日CBS SONY SOCZ 415-417 3LPBOX（1962年）BOX
スメタナSQ 日本コロムビア NCC8501（1972年）
スメタナSQ Supraphon 11113367（1982年）
ブダペストSQ Col. ML4726（1940年）
アルバン・ベルクQ Tele. 624039（1977年）
エステルハージSQ 日L'oiseau-Lyre L75C 1481/3（1979年）BOX

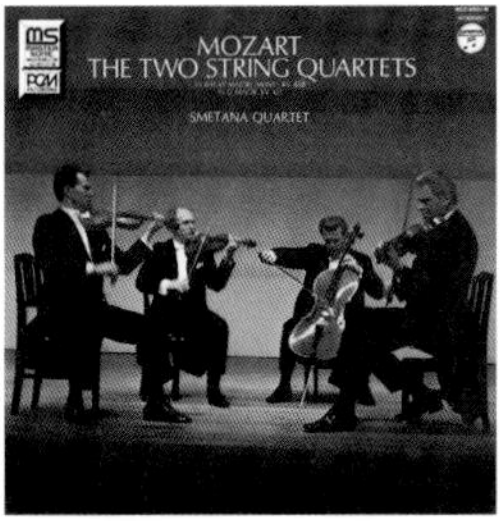

僕の夢は、腕の良い弦楽四重奏団を個人的に雇って、このK.421を目の前で演奏してもらうことだ。どうしてそんなことを考えるかというと、昔（高校時代）テレビで連続ドラマ「バットマン」を見ていたら、主人公のブルース・ウェイン（別名バットマン）の自宅でのパーティーで正装をした弦楽四重奏団がこの曲を演奏していたからだ。「かっこいいなあ」と感心し、将来お金持ちになったら真似しなくちゃと思った。でも残念ながら、まだそこまでお金持ちにはなれていない。

ジュリアードSQの演奏するこの15番に夢中になっていて、ずいぶん繰り返し聴いた。研ぎ澄まされた無駄のない筋肉質の演奏で、当時の僕の好みにぴったりフィットしていた。そんなわけでジュリアードSQ以外の団体の演奏で15番を聴くと、今でも多少の違和感を感じることになる。あのすぱっと切り込んでいくような弦の音じゃないと、15番とは言えないよな……みたいな。この62年録音のレコードは今聴いても僕の胸を、昔と同じように熱く震わせる。

だからスメタナSQの72年の演奏はなかなかうまく入り込めなかった。最初は「なんかかったるいなあ」と思った。何度か聴いているうちに少しずつ馴染んではきたし、上質な演奏だとは思うのだが、賢い母親に子供がうまく言いくるめられているみたいな気がして、落ち着かなくなる。ところが82年盤では打って変わって緊迫感溢れる、味わい深い演奏を繰り広げている。いったいどうしたのだろう？　しかしこれはとにかく素晴らしい演奏だ。僕的にはジュリア

ード以降最高のK.４２１だ。

　ブダペストSQのモーツァルトは、トランプラーを加えた弦楽五重奏曲が絶賛されているわりに、四重奏曲の話はあまり聞かない。どうしてかな？　このK.４２１（モノラル盤）も今ひとつぴりっとしない演奏だ。きちんと正しく弾いているだけで焦点がぴたっと定まらないというか。ちなみにブダペストはその長いキャリアの中で、なぜか「ハイドン・セット」のステレオ録音をおこなっていない。

　アルバン・ベルクQのテレフンケン盤は美しく滑らかな演奏だ。けちをつけるのはすごく気が引ける。でもせっかくのニ短調なんだから、もう少し暗めの緊迫感とガッツがあればなあと、つい思ってしまう。

　エステルハージSQはヤープ・シュレーダーが一九七〇年初頭にオランダで設立した、オリジナル楽器を用いる団体だ。そういう（当時としては）新しい試みに興味があったので「ハイドン・セット」三枚組LPを手に入れて聴いてみた。これまでにない新鮮な響きで、感心して面白く聴いたが、生涯の友として何度も繰り返し聴きたいかというと、あまりそういう気持ちにはなれないかもしれない。

90）ベルク　弦楽四重奏のための「抒情組曲」

ジュリアードSQ Vic. LSC-2531（1962年）

アルバン・ベルクQ 日Tele. K17C-8327（1974年）

ロバート・クラフト指揮 コロムビア響 Col. M2S 620（1961年）

「抒情組曲」と聞くとついロマンティックな音楽を思い浮かべがちだが、実際にはベルクが12音技法を導入して作曲したかなり硬質な弦楽四重奏曲だ。あるいは作曲者自身は叙情的な感覚をもって作曲したのかもしれないが、簡単に咀嚼できる音楽ではない。作曲者が何を言いたいのか、最初のうち僕にもよく理解できなかった。ある音楽が理解できない場合、取るべき方法は二つある。ひとつは放り出して二度と聴かないこと。もうひとつは理解できるまでしつこく聴き返すことだ。僕は「せっかくレコードを買ったのだから」と何度も聴いた。するとそのうちに次第に音楽の持つ構造や意味のようなものが見え始めてくる。

うちにあるＬＰレコードは、ジュリアードＳＱと、作曲者の名前を冠したアルバン・ベルクＱの二枚。それに加えて、この曲の三つの楽章をオーケストラのために作曲家自身が編曲したものもある。これはロバート・クラフトが指揮し編集した「Music of Alban Berg」（二枚組）に収められている。

「抒情組曲」は最近でこそ「二十世紀の古典」としてけっこうな人気曲になっているようだが、最初にこの曲を世間に広く知らしめたのは、ジュリアードＳＱの一九六二年吹き込みのＲＣＡ盤だろう。緊迫感溢れる優れた演奏だ。そこには「抒情」というよりはむしろ「情念」に近いものが込められている。難解といえばけっこう難解だが、そこにある流れはあくまで論理的に一貫しており、六つある楽章を筋道立てて、興味深くスリリングに聴き通すことができる。

アルバン・ベルクＱの演奏も一貫性を持ったものだが、ジュリアードに比べ

るともう少し丸みが感じられる。ジュリアードの引きずり出した「情念」は、まだ「抒情」までは達していないかもしれないが、より温かなものに変わっている（あるいは消化されている）。この団体は一九九一年に同じ曲を再録音しているが、そちらは未聴。いずれにせよ僕はこの旧盤の演奏で十分満足している。

オーケストラ版「抒情組曲」は、シェーンベルクの「浄められた夜」のオーケストラ版とだいたい同じような位置にある。弦楽四重奏版のあとで聴くと「剝き出し」な感触が薄れ、より聴きやすく感じられる。現代音楽のスペシャリスト、クラフトの指揮は余分な色づけを排して楽譜を忠実に再生し、適度な緊迫感と控えめな「抒情」を漂わせる。

ＣＤになるが、より新しいディスクの中ではフォーゲルＳＱの演奏（一九九一年録音）が優れて興味深い。ジュリアードの「論理的解釈」は一歩進んで、「物語的解釈」へと進化している。大胆かつカラフルだ。これを「面白い」ととるか「ちょっとやり過ぎ」ととるかで評価は変わってくるだろうが。

もうひとつ、カラヤンの指揮するオーケストラ版は実に艶っぽくて、聴き応えがある。「ほう」と感心して聴き惚れてしまう。これもまた人によって評価は分かれるだろうが、上等な音楽であることに間違いはない。

91) バルトーク　ヴィオラ協奏曲（遺作）

ウィリアム・プリムローズ(Va) ティボール・シェルイ指揮 ロンドン新響 Bartok Records #309（1952年）
パル・ルカーチ(Va) ヤーノシュ・フェレンチク指揮 ハンガリー国立響 Gram. 138 874（1961年）
ダニエル・ベンヤミニ(Va) ダニエル・バレンボイム指揮 パリ管 日Gram. MG 1243（1978年）
ラファエル・ヒリャー(Va) 渡辺暁雄指揮 日本フィル 日コロムビア DS 10044（1967年）

ヴィオラ奏者のウィリアム・プリムローズが、アメリカ亡命中のバルトークにヴィオラ協奏曲の作曲を委嘱した。バルトークは健康を害していたが、病床で作曲に励み、曲をおおむね完成させたところで息を引き取った。親しい同郷人でもあった作曲家ティボール・シェルイが数年かけて残された草稿を整理し（それは混乱をきわめていた）、暗号にも似たメモをもとにオーケストレーションの未完成部分を仕上げた。

やはり最初に聴くべきはバルトークにこの曲の作曲を依頼し、一九四九年に初演もおこなったプリムローズ（英国出身、長年にわたってトスカニーニのもとで首席ヴィオラ奏者をつとめていた）が一九五二年に吹き込んだ盤だろう。指揮するのは補作作業にあたったシェルイ。制作はバルトーク・レコード、作曲者の息子のピーター・バルトークが主宰する独立系のレコード会社で、彼は優秀な録音技師として名を馳せていた。録音はロンドンのキングズウェイ・ホールでおこなわれ、音質はこの年代にしては目を見張るほど素晴らしい（もちろんモノラル）。独奏者、指揮者共に晩年のバルトークをよく知る人たちだけに、演奏は心のこもった温かいものになっている。オーケストラは録音を専門とするフリーランスのユニットのようだが、演奏の質は高い。

パル・ルカーチとヤーノシュ・フェレンチクは共にバルトークと同郷のハンガリー人。一言で言えば、とても知的な演奏だ。勢いに任せて……みたいなところは皆無。じっくり考え抜かれ、磨かれた音楽になっている。冷戦時代の録

音だが、ハンガリー在住の音楽家たちの水準の高さをうかがわせる。ヴィオラは地味な楽器だが、その地味さを逆手に取って利用したようなクレヴァーな音楽作りだ。しかし決して冷ややかではない。異境の地で没したバルトークの「白鳥の歌」を、故国から静かに敬意を込めて歌い上げる。

ベンヤミニはイスラエルの出身、バレンボイムに見いだされ、パリ管弦楽団の首席ヴィオラ奏者に抜擢された。共にユダヤ系の音楽家で、鋭く歯切れの良い演奏を聴かせる。鋭いといってもとげとげしさみたいなものはなく、音楽はどこまでも円滑に流れていく。この三枚の中では最もパッショネイトで、ドラマティックな演奏と言えるだろう。ルカーチ／フェレンチク組とは対照的に、ヴィオラという楽器の有効性が熱く追求され、バルトーク音楽の特徴である土着性と現代性の混合が鮮やかに描き出される。レコードにカップリングされたヒンデミットの、ヴィオラのための作品「デア・シュヴァーネンドレーヤー（白鳥を焼く男）」もとても面白い。

三者三様、それぞれに聴き応えのある優れた演奏だと思う。

ヒリャーはジュリアードSQで長年にわたってヴィオラ・パートを受け持っていた。彼の独奏を聴くのはこのレコードが初めてだが、ソリストとしても実に素晴らしい演奏を聴かせてくれる。音質は美しく知的、その緊迫感は終始途切れることがない。日本フィルも気合の入った鋭い音を聴かせてくれる。このレコードが現在入手困難なのは実にもったいないという気がする。カップリングはやはり「白鳥を焼く男」。

92) ブラームス　ピアノ五重奏曲 へ短調 作品34

クリフォード・カーゾン(Pf) ブダペストSQ Col. ML4336 (1950年)
イエルク・デームス(Pf) ウィーン・コンツェルトハウスQ West. XWN 18443 (1952年)
エファ・ベルナトーヴァ(Pf) ヤナーチェックSQ Gram. DGM12002 (1958年)
ルドルフ・ゼルキン(Pf) ブダペストSQ 日CBS SONY SOCL68 (1964年)
レオン・フライシャー(Pf) ジュリアードSQ Epic LC3865 (1963年)

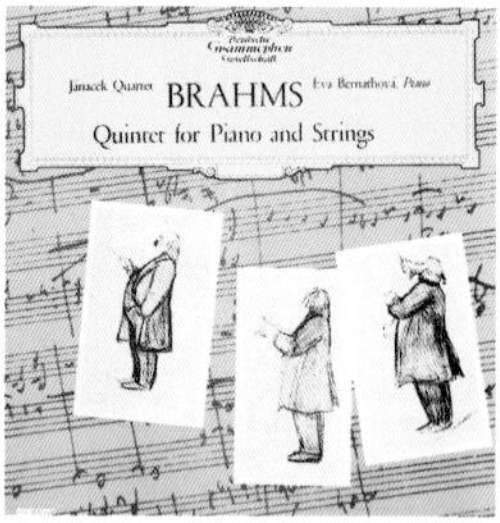

ピアノ五重奏曲というフォームが僕はなぜか好きだ。ブラームスがこの形式を用いた唯一の作品だが、隙のない見事な音楽になっている。

最も古い録音がカーゾンとブダペストSQの共演。このコンビはシューマンのピアノ五重奏曲で素晴らしい結果を残してくれたが、ブラームスもやはり素晴らしい。昔何かの広告で「なにも足さない。なにも引かない」というコピーがあったが、本当にその通りの完璧なまでに必要十分な音楽だ。それでいてどこまでも自由で伸びやかだ。僕の聴いてきた限り、室内楽を演奏するときのカーゾンに外れはひとつもない。もう七十年も前の録音だが、歳月の経過はこの演奏の美質を何ひとつ損なっていない。シューマンのときもそうだったが、音楽の基調を作っているのはカーゾンだ。

デームスとウィーン・コンツェルトハウスQという、ウィーン純血の組み合わせ。デームスはこのときまだ二十四歳、溌剌として跳ねるようなピアノ演奏だが、音楽の主導権はやはり結成後十八年を経た四重奏団側にある。弦楽奏者たちは揺るぎない自信をもって、迷いなく自分たちのブラームスを奏でている。そして若きピアニストの息吹を懐深く受け入れている。ウィーンの春の日差しを受けたような穏やかな二楽章が僕は好きだ。

ハンガリー生まれのベルナトーヴァと、チェコを本拠地とするヤナーチェックSQの東欧音楽家の顔合わせ。腰の据わった本格的なブラームスだ。ピアノと弦楽は対等に渡り合う。手堅いぶん地味で人目を惹きにくいが、演奏の密度

は濃い。あと少し風通しを良くしてもいいのでは、という気がしなくもないけど。

ルドルフ・ゼルキンとブダペストSQの録音は評価が高く、この五重奏曲の定番のようになっているが、実際とても味わい深い見事な演奏だ。ゼルキンは協奏曲だと音楽が肩肘張ったものになりがちだが、少人数の合わせものだとどこまでものびのびしている。きっとそういう音楽の方が性格にあっているのだろう。ブダペストSQもゼルキンのピアノが加わると、日頃より少しばかり枠の螺子《ねじ》を緩める。そんなお互いのケミストリーの働きが、時に晦渋な貌《かお》を見せるブラームスの室内楽曲を優しく微笑ませることになる。

レオン・フライシャーとジュリアードSQの組み合わせは珍しいが、(当時)伸び盛りの若手同士がうまくかみ合って、小気味の良い新鮮な演奏になっている。LP両面を使うけっこう長い曲だが、緩むところなく最後まで音楽が生き生きしている。この時期のフライシャーは音楽が実に清新だ。後年病を得て右手が動かなくなってしまったが、長い歳月をかけて復活を遂げ、約四十年後にエマーソンQと組んでこの五重奏曲を再録音した。

93) シューベルト 「さすらい人幻想曲」ハ長調 作品15 D760

ゲイリー・グラフマン(Pf) Vic. LM-2012 (1956年)
ゲイリー・グラフマン(Pf) Col. MS-6735 (1965年)
レオン・フライシャー(Pf) Epic LC3874 (1963年)
スヴャトスラフ・リヒテル(Pf) 日Angel EAA-129 (1963年)
ジャン＝ロドルフ・カールス(Pf) London CS-6714 (1971年)

ホロヴィッツの数少ない弟子の一人、ゲイリー・グラフマンの書いた自伝を読んだことがあるが、これが無類に面白かった。なにしろ文章がうまい。本のタイトルは『I Really Should Be Practicing（本当は練習してなくちゃいけないんだけど）』。そのグラフマンはシューベルトの「さすらい人幻想曲」を二度録音している。

最初の録音は一九五六年、まだ二十代のときだ。よくいえば若者らしく真っ正直に正面から切り込んだ演奏、悪くいえばためのない力任せの演奏ということになる。率直に言って、何度も聴き返したいという演奏ではない。二度目の録音は三十七歳の時の演奏。コンサート・ピアニストとして順調にキャリアを積み重ねてきただけあって、物腰にそれなりの余裕は生まれている。しかしなぜかどことなく落ち着きがなく、聴いているこちらもうまく気持ちが集中できない。ひょっとしてこの人はシューベルトの音楽には向いてないんじゃないか、とさえ思う。そういえば、ホロヴィッツの弾くシューベルトに感心した覚えもなかったたな……。

続いてレオン・フライシャー。グラフマン、ユージン・イストミンと並んで、一九五〇年代から六〇年代にかけてアメリカ若手ピアニストの「三羽ガラス」と呼ばれる存在だった。全員東部出身のユダヤ系だ。この人のシューベルトはなかなか聴かせる。グラフマンと違って、うまくためができている。それはシューベルトのピアノ曲を演奏するときにはなくてはならないものだ。ただ全体

を通して聴いて感銘を受けるかというと、そこまでは達していない。音の強弱、緩急のコントロールに然るべき深みが感じられないことが、その大きな原因になっているかもしれない。

その点リヒテルはやはりうまい——というか格が違う。楽音は（ほとんど）すべて彼の支配下にある。ひどくゆっくりした部分も、火花の散る素早いパッセージも、彼をひるませることはない。時としてやりすぎることはあるにせよ、その柄の大きなピアニズム＝弾きっぷりは常に聴き手に確かな手応えを与えてくれる。

ジャン＝ロドルフ・カールスはインド生まれのユダヤ系ピアニストで、父親はオーストリア人、育ったのはフランスという、かなり異色の経歴の人だ。三十代でカソリックに改宗し、引退して聖職者の道に入ったので、ピアニストとしてのキャリアは短かった。しかしこのシューベルトを聴く限り、テクニックといい音楽性といい、実に見事なものだ。二十四歳のときの演奏だが、とくに気張ったところもなく、若者ならではの風通しの良いのびのびした音楽を作りだしている。「さすらい人幻想曲」に関していえば、僕はリヒテルのみっちりコントロールされた演奏より、むしろこちらの自由なすがすがしさを高く評価したい。

94）ビゼー　歌劇「真珠採り」

アンドレ・クリュイタンス指揮 パリ・オペラ・コミーク座管＋合唱団 マーサ・アンジェリーチ(Ms)、
アンリ・ルゲ(T)、ミシェル・デン(B)、ルイ・ノゲラ(Br) Angel 35174/5（1954年）
イエス・エッチェヴェリ指揮 アラン・ヴァンゾ(T)、ルネ・ドリア(S)、ロベール・マッサール(Br) Vogue 30127（1961年）
ユッシ・ビョルリンク(T)：「神殿の奥深く」その他のデュエット Vic. GL87799（1950年）
ディートリヒ・フィッシャー＝ディスカウ(Br)：「嵐も静まり……おお、ナディール」
フェレンツ・フリッチャイ指揮 ベルリン放送響 Gram. 138700（1961年）

これはビゼーが初めて書いたオペラで、当時批評家筋からは酷評を浴びたが、大衆には大いに受けたということだ。まあ、逆よりいいですよね。

十年くらい前にアメリカの中古屋のバーゲン・コーナーでこのクリュイタンスの旧盤を見つけ、二枚組オリジナル（疵《きず》ひとつない）がたったの一ドルだったので、とりあえず買って帰った。それまで観たことも聴いたこともないオペラだったが、聴いてみるとずいぶん面白い音楽で、今に至るまでけっこう愛聴している。

クリュイタンスは一九五〇年代の前半、メゾソプラノのアンジェリーチと組んで、「カルメン」やフォーレ「レクイエム」を始めとして、多く優れた歌入り作品をEMIに吹き込んでいた。モノラル録音だし、それぞれの歌手の歌唱にはいくぶん古風な雰囲気が漂っているが、いったんレコードに針を落として聴き始めるとそういうことが気にならなくなるくらい内容は充実している。全体を通して音楽がしっくり密にまとめられており、雰囲気はどこまでも心地よくフレンドリーだ。

エッチェヴェリはフランス・オペラを専門とする指揮者で、ヴァンゾを始め、美声のフランス歌手を揃えて、ひたすら官能的な「真珠採り」をこしらえている。クリュイタンス盤とはかなり雰囲気が違っている。それはそれで聴き比べると面白いんだけど。

このオペラの中のアリアのいくつかは、オペラを離れて単独で取り上げられ

る機会も多いが、中でも僕がとりわけ愛好しているのは、スウェーデン出身の美声テナー、ユッシ・ビョルリンクとロバート・メリル（バリトン）という二大スターがデュエットで歌う「神殿の奥深く（Au fond du temple saint)」。これは何はともあれうっとり聴き惚れてしまう、流麗きわまりない名唱です。この二人がナディールとズルガを歌う「真珠採り」全曲がもし聴けたなら、それはまあすごいことだろうなと思う。もちろん叶わぬ夢ではあるけれど。このデュエット曲、フリッツ・ヴンダーリッヒ（ナディール）とヘルマン・プライ（ズルガ）という豪華顔合わせの録音もあり（一九六三年）、こちらもなかなか凄いです。男性二人が歌う魅力的なデュエット曲というのは、考えてみたら珍しいものかもしれない。

それからフィッシャー＝ディスカウが、フリッチャイの指揮するベルリン放送響をバックにダイナミックに歌い上げるズルガのアリア、「嵐も静まり……おおナディール」も素晴らしい。フィッシャー＝ディスカウの歌唱も味わい深いけれど、フリッチャイの寄り添い方もみっちり気合い十分だ。戦後まもなくまだ無名だったディスカウを見出して、ベルリン市立歌劇場の公演に登用したのもフリッチャイだった。フリッチャイが一九六三年に白血病のために、四十八歳の若さで亡くなったあと、フィッシャー＝ディスカウが「フリッチャイ協会」を設立した。

95) モーツァルト　ホルン協奏曲第3番 変ホ長調 K.447

デニス・ブレイン(Hn) ヘルベルト・フォン・カラヤン指揮 フィルハーモニア管 英Col. 33CX1140 (1953年)
バリー・タックウェル(Hn) ペーター・マーク指揮 ロンドン響 London CS-6178 (1960年)
アラン・シヴィル(Hn) オットー・クレンペラー指揮 フィルハーモニア管 Angel S35689 (1960年)
アラン・シヴィル(Hn) ルドルフ・ケンペ指揮 ロイヤル・フィル 日Vic. SHP-2503 (1966年)
アラン・シヴィル(Hn) ネビル・マリナー指揮 アカデミー Phil. 6500 325 (1972年)

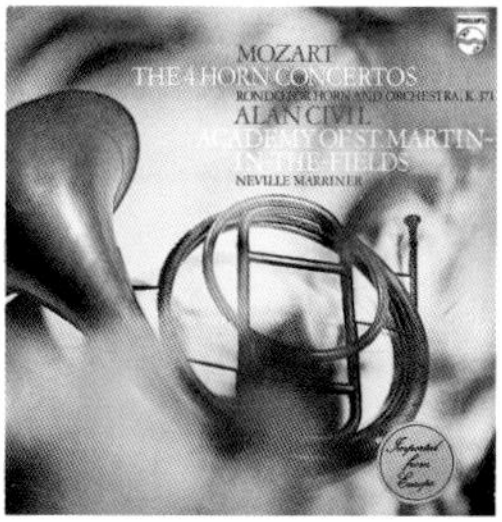

もしモーツァルトがホルン協奏曲を一曲も書かなかったとしたら、世界中のすべてのホルン奏者は今よりいくぶん薄暗い世界に生きていたに違いない、というくらい貴重な存在の四つのホルン協奏曲。中でも僕はこの3番がいちばん好きだ。英国系ホルン奏者三人が腕を競う。

デニス・ブレインの演奏はこの曲の歴史的定番になっている。自由闊達でのびやかな演奏だ。まるで人に言葉で語りかけるように自在に、パーソナルに楽器を演奏する。ホルンというどちらかというと不器用な（失礼）楽器でそんなことが出来る人はたぶんそれほど多くないはずだ。カラヤンの伴奏も柔らかく美しく、独奏楽器を尊重する。録音は古いモノラルだが、とても充実した演奏なので、聴いているうちにそんなことは気にならなくなる。

タックウェルはオーストラリア出身だが、主に英国で活躍した。きわめて確かな技術で、パーフェクトに近い音楽を立ち上げる。ブレインの演奏がパーソナルなものであるとしたら、こちらは「正調」ともいうべき演奏だ。句読点がしっかりして、ひとつひとつの部分が腑に落ちる。それでいて堅苦しい印象はまったくない。モーツァルトの音楽をじっくり楽しめる。ペーター・マークの指揮も紛れなく正調のモーツァルトだ。

アラン・シヴィルの演奏が三枚。シヴィルはロイヤル・フィルで、ホルン奏者としてデニス・ブレインと同僚だった。

シヴィルの演奏は全体的にのびやかだ。クレンペラーと組んだ最初の演奏で

は、素直に自然にメロディーを歌おうという意志がうかがえる。まるで歌手がオペラのアリアを歌うみたいに。そしてその意図は成功を収めているのだが、ホルンの音が定位置より半歩後ろに下がっているような印象が最後まで拭いきれずにある。演奏に問題があるのか、それとも録音に問題があるのか。

ケンペとの演奏も、同じように自然体で無理がない。ホルンはよく歌っている。しかしやはりなぜか音が少しだけ奥まって聞こえる。まるでカーテンの奥から吹いているみたいで、オーケストラの音量に押され気味だ。ホルンの音はほんのりとくぐもって聞こえがちなものだが、ブレインやタックウェルの盤ではそういう不満は感じなかった。演奏としては美しいのだけれど。

しかしマリナー／アカデミーとの共演盤になると、シヴィルのホルンは打って変わって力強さを増している。技術的にも完成され、遠慮することを放棄したかのように、オーケストラの音に正面からしっかり拮抗している。歌手の如く美しく歌うよりは、独奏楽器として音楽全体を積極的にリードしていくことが強く意識されているみたいだ。そしてオーケストラ（アカデミー・オブ・セント・マーティン・イン・ザ・フィールズ）の練れた美音がそれを巧みに支えている。とくにテンポを速めにとった三楽章は素晴らしい。

96〈上〉ベートーヴェン　ピアノ・ソナタ第32番 ハ短調 作品111

ソロモン(Pf) Vic. LM1222 (1951年)

ヴィルヘルム・バックハウス(Pf) 日London MZ-5010 (1954年)

グレン・グールド(Pf) 日CBS SONY SOCL-165 (1956年)

ヴィルヘルム・ケンプ(Pf) Gram. MG-1410 (1964年)

ロベルト・リーフリンク(Pf) Valois MB812 (1966年)

ＣＤも含めると、うちには四十枚以上この作品１１１のディスクがあった（知らないうちにずるずると溜まっていた）。ＬＰだけでもとても全部は載せきれないので、十一枚を選んで、録音の年代順に二組に分けた。一九七〇年以前の吹き込みのものと、以降の吹き込みのもの。ピアニストにとっての最高峰ともいうべき、このソナタには、古今東西数多くのピアニストたちが腕によりをかけて挑んだ。緩やかで長い二楽章を最後までどれだけ深く引っ張れるか、そこで演奏の値打ちが違ってくる。

まずはソロモン。英国生まれのピアニストで、最高のベートーヴェン弾きとして吉田秀和氏が絶賛した人だ。とてもクリアで端正なピアノを弾く。人を驚かせるようなところは皆無だが、強靭にして繊細、その揺らぎない真摯なタッチに、内面をじっと見つめる深さを感じる。敬意を払うべき演奏だ。原盤は英国ＥＭＩ。

バックハウスのこの旧録モノラル盤を、僕は高田馬場の中古屋でなんと五十円で買った。帯に付いた「五十円」という値札を見るたびに「申し訳ないな」とうなだれてしまう。値段のつけようがないくらい高級な演奏なんだけど、まあ市場の需給の関係でそうなってしまったのだろう。最初から最後まで、まったくけちのつけようのない演奏だ。「ベートーヴェンとはこういうものだ」とバックハウス先生に言われたら、「はい、そのとおりです」と頭を下げるしかない。しかし五十円か……。

お手本のような二人のベートーヴェン弾きの演奏を聴いたあとに、このグールドの32番を聴くと、思わずひっくり返りそうになる。冒頭からぜんぜん違う曲に聞こえるのだ。しかし聴かせる！　こういう人が一人くらいいないと世の中は面白くないよね。かなり異端ではあるが、音楽の本質はしっかり摑んでいる。

　バックハウスと並んでピアノの両雄とされたケンプ、とくに日本での人気は高かった。ただ僕はケンプの演奏で感心した覚えがほとんどない。思索的と評される彼の演奏だが、僕の耳には滑舌の悪いスピーチみたいにしか聞こえないことの方が多かった。この盤も世間の評価は高いようだが、もうひとつぴんとこない。

　リーフリンクはドイツ系ノルウェイ人のピアニスト。戦前ケンプに師事し、ドイツ音楽を得意としていたが、地味な人なので耳にしたことのある人はおそらく少ないだろう。32番のソナタ、背骨がしっかりしたなかなか姿勢の良い演奏だ。テクニックにも不足はなく、最後までたるみなく聴かせる。ケンプと違って滑舌も良い。しかし残念ながらそこにはあるべき味わいが感じられない。このレコードを聴いていると、32番ソナタを正しく演奏するのがどれほどむずかしいことか、それがしみじみよくわかる。言うなれば、ピアニストたちはここで肉挽き機にかけられているのだ。

96〈下〉ベートーヴェン　ピアノ・ソナタ第32番 ハ短調 作品111

アルフレート・ブレンデル(Pf) Phil. 6500 138 (1970年)
ゲイリー・グラフマン(Pf) Col. M33890 (1976年)
マウリツィオ・ポリーニ(Pf) 日Gram. MG8302/4 (1977年) BOX
インゲル・ゼーデルグレン(Pf) Caliope WE681 (1978年)
イーヴォ・ポゴレリッチ(Pf) Gram. 2532 036 (1981年)
園田高弘(Pf) EVICA EC 350 1/13 (1983年) BOX

ブレンデルは三度ベートーヴェンのソナタ全曲を録音しているが、これは二度目のもの。このとき彼は三十九歳、気力充実した壮年期だ。正統派ベートーヴェン弾きとしての評価も既に定まっている。ただ前にも書いたが、僕はブレンデル・ファン倶楽部の会員ではない。この曲に関しても、聴いていて「うまいなあ」とは思うのだが（とくに二楽章）、なぜか今ひとつ心に届くものがない。たぶん僕にはその「文体」（みたいなもの）が微妙に体質的に合わないのだろう。

今ひとつ伸び悩んだ感のある「かつての若手新進ピアニスト」グラフマンだが、この32番では意外にというと悪いけど、ずいぶん健闘している。とくにベートーヴェンを得意としているとも思えないのだが、ここではしっかり内容のある落ち着いた音楽を聴かせてくれる。外連味《けれんみ》のない、正統派のベートーヴェン・ソナタだ。このとき四十八歳、いよいよ成熟にさしかかったかと思わせるが、運命の皮肉というべきか、その翌年に右手を故障し、ピアニストとしての生命を実質的に絶たれた。

ポリーニ、三十五歳のときの演奏。完璧と言ってもいいほど充実した、味わい深い演奏だ。心と知性と技巧がぴったり三位一体《さんみいったい》となっている。慈愛に満ちた……という域にまでは達していないかもしれないが、心はしっかりこもっている。ドイツ・グラモフォンの録音も素晴らしい。

ゼーデルグレンは一九四七年生まれのスウェーデン人女性。知名度こそ高く

ないが、彼女の32番は、冒頭から聴くものをはっと驚かせる新鮮な響きを持っている。その鮮やかな緊張感は奔流のごとき一楽章から、息を凝らして静かに開始される二楽章へと引き継がれていく。タッチは繊細で、表情の付け方も鮮やかだ。クールに知的ではあるが、情熱にも決して不足はない。最後の一音まで隙なく充実した演奏だと思うのだが、評判はとくに耳にしない。どうしてだろう？

　ポゴレリッチ、二十三歳の時の演奏。デビューしてまだ間もない身で、ドイツ・グラモフォンからベートーヴェンの32番ソナタを出すのだから、何はともあれ並の神経の持ち主ではない。弾きっぷりも自信満々、「文句あるか」状態だが、音楽はさすがに素晴らしい。すぱっと切れが良く、音楽の流れが明瞭に見て取れる。ただ二楽章は、今のポゴレリッチならもっと深く弾けるのではないだろうか？　この人と一度会って話したことがあるが、その両手の大きさと指のごつさに驚愕した。

　園田高弘にとっては二度目のソナタ全集だが、こちらはライブで録音。場所は東京文化会館小ホール、ピアノはヤマハのコンサート・グランド、園田は確信をもってピアノをしっかり底まで弾き切っている。聴き手は一楽章、二楽章を通して、高潔にして人間味のあるベートーヴェンの音楽を愉しむことができる。

97）トマス・ビーチャムの素敵な世界

「LOLLIPOPS」ロイヤル・フィル Angel S355006（1957年）
「BON-BONS」ロイヤル・フィル Seraphim S60084（1961年）
「The Inimitable Sir Thomas」ロイヤル・フィル＋フランス国立放送管 HMV ALP1968（1963年）
ディーリアス作品集 ロイヤル・フィル HMV ASD-357（1958年）
シューベルト：交響曲6番（＋グリーグ小品集）ロイヤル・フィル 英Col. 33CX1363（1956年）
モーツァルト：交響曲第39番第40番 ロイヤル・フィル Phil. ABL-3094（1955年）

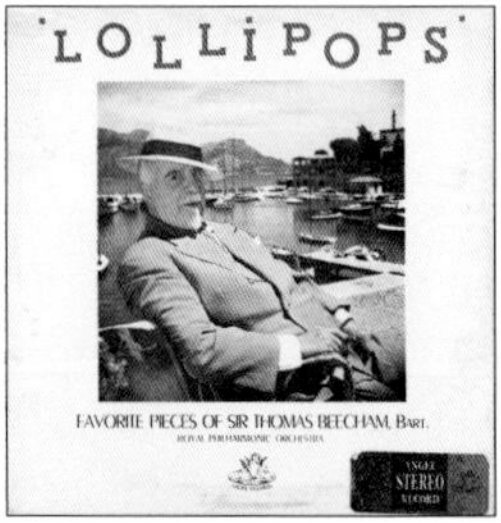

トマス・ビーチャムは英国人に愛された指揮者で、主に英国人に愛好される音楽を演奏した。自分のスタイルを持ち、頑固ではあるが心優しく懐は広かった。そして何より紳士であった。富豪の息子として生まれ、私費を投じて自前の優秀なオーケストラ（ロイヤル・フィルハーモニー）を持ち、悠々自適、好きな音楽を好きなように演奏し、サーの称号を受け、（たぶん）気持ちよく生涯を終えた。そんな音楽家は他にまず見当たらない。生年は一八七九年、没年は一九六一年。

日本でのビーチャムの人気はそれほど高くないので、当然ながら中古レコードの価格も低く抑えられている。おかげで僕はビーチャムのレコードをかなり多く買い込ませて頂くことになった。ビーチャムの優れた点は、音楽的に外れがほとんどないということだ。どのレコードに針を落としても、概ね気持ちよく音楽が鳴っている。「感動的な名演奏」みたいなものはとくに思い浮かばないが、楽しい演奏ならたくさんある。

小品を集めた「ロリポップ」もそんな愛すべきアルバムのひとつだ。ロリポップというのは、アンコール向きの軽いクラシック曲のことだが、ビーチャムおじさんはそれらの選ばれた曲を、慈しむように大切に演奏する。このアルバムを聴いていると、心が自然にほのぼのしてくる。ベルリオーズの二曲、シベリウスの「悲しきワルツ」が素晴らしい。このレコード、録音もとびっきり上等だ。

その続編が「ボンボン」。ドリーブのバレエ音楽「王様の愉しみ」とか、フォーレの「ドリー組曲」の管弦楽版といった、フランス人作曲家の手になるかなり凝った曲が集められている。軽妙洒脱ではあるが、決して甘口ではない。「The Inimitable Sir Thomas（真似のできないサー・トマス）」、実に言い得て妙というか、素敵なアルバム・タイトルだ。これも選曲が素晴らしい。ほとんどが聴いたことのない曲で、アンコールで演奏されても「これ何だっけ？」みたいなことになりそうだが、でもどれも愛すべき小品だ。

そしてビーチャムが生涯かけ、熱意を込めて演奏し続けたディーリアス。彼はディーリアスの楽曲の多くの初演を手がけ、私費を投じて作曲家の支援をおこなった。聴衆も批評家も彼の音楽に対してさほど興味を示さなかったが、ビーチャムはそんなことは気にもかけず、いつまでも執拗に演奏し続けた。ほとんど道楽の世界だ。

ビーチャムはハイドン、モーツァルト、シューベルトを愛好したが、ベートーヴェンとブラームスには冷淡だった。マーラーとブルックナーにはまったく見向きもしなかった。とにかく終始一貫した人だ。シューベルトの6番（そして裏面のグリーグ）と、モーツァルトの39、40番交響曲、実に素敵です。「これぞ名盤！」みたいなものではないにせよ、とにかく道楽の愉悦に満ちている。

98） ジョン・オグドンの個性的な生涯

リスト曲集（「シモン・ボッカネグラの回想」「メフィスト・ワルツ三番」） EMI SME81103 （1966年）
リスト超絶技巧名曲集（「ハンガリー狂詩曲第2番」「マゼッパ」「鬼火」） 日Vic. SX-2037 （1972年）
ラフマニノフ：ピアノ・ソナタ 第1番 作品28 第2番 作品36 Vic. LSC3024 （1968年）
ラフマニノフ：「音の絵」作品33＋39 EMI HQS 1329 （1974年）
リサイタル（ショパン「スケルツオ3番」 ドビュッシー「月の光」） HMV ASD546 （1963年）
メンデルスゾーン：ピアノと弦楽のための協奏曲イ短調＋二台のピアノと弦楽のための協奏曲
（ブレンダ・ルーカスPf） ネビル・マリナー指揮 アカデミー室内管 Argo ZRG605 （1970年）

なぜか妙に気になって、知らないうちにレコードが手元に溜まってしまう演奏家がいる。僕にとっては英国人ピアニスト、ジョン・オグドンがそういう存在だ。オグドンの名前の入ったレコードを見かけるとほとんど反射的に買ってしまう。

オグドンはショスタコーヴィチとチャイコフスキーの項でも取り上げたが、一九六二年のチャイコフスキー・コンクールでウラジミール・アシュケナージと一位を分け合って、熱い注目を浴びた人だ。アクティブな作曲家でもあった。しかし一九七三年に精神の病を発症し、その後は肥満と糖尿病にも悩まされた。遺伝による統合失調症とも躁鬱症とも言われるが、そのために後年は精神の安定を欠いた奇矯な演奏が多くなった。華麗なテクニックを誇った人だが、年を追うごとにその衰えも顕著になっていった。そして一九八九年に浮き沈みの激しい五十一年の生涯を閉じた。

演奏家としてのオグドンのレパートリーはかなり偏っており、ベートーヴェンやモーツァルト、ブラームスといった古典音楽にはほとんど興味を示さず、同時代のマイナーな作曲家の音楽や、またリスト、ラフマニノフ、スクリーアビンなどの技巧的な色彩の濃い作品を愛好した。偏屈というべきか、レコード会社にとってはおそらく扱いにくい相手だっただろう（たとえばアシュケナージなんかと比較して）。

リストやラフマニノフの曲集においてオグドンは、水を得た魚のように生き

生きとした音楽を作っていく。リストの「ドン・ジョヴァンニの回想」とか「シモン・ボッカネグラの回想」といったちょっとけったいな音楽を弾いているとずいぶん楽しそうだ。日本ビクター制作の盤ではリストの人気曲をずらりと並べており、こちらは聴きやすく、ぐっとフレンドリーな演奏になっている。技巧的な屈託を愛しながらも、決して技巧には溺れない知的強靭さがそこには見受けられる。ラフマニノフの楽曲に関しても同じことが言える。

キャリアのごく初期に吹き込まれた「リサイタル」では、珍しくバッハの「平均律」の中の曲を弾いているが、これがとても面白い。この人のバッハをまとめて聴いてみたかったなあという気がする。モーツァルトのニ短調の幻想曲も素晴らしい。しかし彼はその後もう二度とそのような楽曲を取り上げなかった。残念だ。

メンデルスゾーンが十三歳のときに作曲したイ短調の協奏曲（作品番号なし）みたいな珍しい曲をわざわざとりあげるのも、いかにもオグドンらしいへそ曲がりな選曲だ。あるいは個性的な、というべきなのだろうか（これが世界初録音だった）。それほど面白い音楽とも思えないのだが、本人は嬉しそうに大まじめで弾いている。それからブゾーニの長大なピアノ協奏曲なんかも弾いていて、これを最後まで聴き通すのは、正直言ってけっこう疲れた。

99）マルケヴィッチの穴

プロコフィエフ：古典交響曲（三つのオレンジへの恋）フィルハーモニア管，仏国立放送管
仏Col. FC 25040（1953年）10インチ
ストラヴィンスキー：「春の祭典」フィルハーモニア管 日Angel 5SA 1003（1959年）10インチ
ロシア・バレエ曲集（プロコフィエフ「鋼鉄の歩み」リャードフ「キキモラ」他）Angel 35153（1957年）
モーツァルト：「戴冠式ミサ」ハ長調K.317 ベルリン・フィル Gram. LPE17141（1954年）10インチ
モーツァルト：「戴冠式ミサ」ハ長調K317 ラムルー管 Gram. LPE-17 141（1958年）10インチ

イーゴリ・マルケヴィッチ（一九一二―一九八三）も見かけるとついついレコードを買い込んでしまう指揮者の一人だ。ずいぶん多作な人なので、パーフェクト・コレクションみたいなのはとても無理だが、しかし思い出せる限り、この人の指揮する音楽を聴いてがっかりした覚えはない。そのように平均点の高い人だし、出来の良いものはめっぽう面白い。そういう「何かやらかしそう」という期待を抱かせてくれる人だ。古典から現代ものまで守備範囲はかなり広いが、ロシア生まれだけあって、チャイコフスキーからストラヴィンスキーまで、ロシアものにはやはり定評がある。

ごく初期の録音だが、フィルハーモニアを指揮したプロコフィエフの「古典交響曲」（一九五三年）の生きの良さは見事だ。ひとつひとつの音がぴちぴちと飛び跳ねているみたいに聞こえる。仏国立放送管弦楽団を振った「三つのオレンジへの恋」（一九五五年）も素晴らしい。どちらも古いモノラル録音だが、音が見事にスリリングだ。

マルケヴィッチはフィルハーモニアと組んで二度「春の祭典」を録音しているが、こちらは二度目のステレオ盤。僕が持っているのは東芝発売の初期赤盤だが、音響は実に素晴らしい。マルケヴィッチは「切れっ切れ」状態で、息つく暇もなく終始楽団を押しまくる。一九五〇年代の彼はまさに「問題児」の風格があった。先に挙げたバッハ「音楽の捧げ物」の大胆な改稿をおこなったのもこの時期のことだ。このあたりに仕掛けられた「マルケヴィッチの穴」にい

ったんはまると、簡単には抜け出せなくなってしまう（マルケヴィッチ自身の風貌もかなり悪魔的だ）。

十六歳の頃からディアギレフ・バレエ団に所属し、舞踏音楽の仕事をしていただけあって、「ロシア・バレエ曲集」の演奏も見事だ。普段あまり聴く機会のないプロコフィエフとリャードフの曲だが、マルケヴィッチの手にかかると勢いよく蘇ってくる。目の前で今にも踊り手たちが踊り出しそうな活発な雰囲気がそこに生まれる。

そしてモーツァルトが二枚。マルケヴィッチは「戴冠式ミサ」を二度録音している。一度目はこのベルリン・フィルとのモノラル録音、二度目はラムルー管弦楽団を指揮したステレオ盤。どちらもソプラノはマリア・シュターダー。宗教曲なので、独唱と合唱を前面に出して、オケはいちおう背後でおとなしく慎重に（じりじりと）構えているが、交響曲になるとマルケヴィッチの本領が顔を出してくる。モーツァルトの音楽は進むにつれて、まるで舞曲のようなきびきびした軽快さを帯びてくる。彼のてきぱきした指揮棒のもと、ベルリン・フィルもご機嫌に身体を揺すり始める。34番交響曲はそれほど印象的な作品ではなかったはずなんだけど、マルケヴィッチの演奏で聴くと実に喜ばしい音楽に変貌する。

あなたも「マルケヴィッチの穴」にはまってみませんか？

100）若き日の小澤征爾

シューマン：ピアノ協奏曲 レナード・ペナリオ（Pf）ロンドン響 Vic. LSC 2873（1966年）
ムソルグスキー：「展覧会の絵」シカゴ響 Vic. LSC 2977（1967年）
チャイコフスキー：交響曲第5番 シカゴ響 Vic. LSC-3074（1969年）
ベートーヴェン：交響曲第5番（シューベルト「未完成」）シカゴ響 Vic. LSC 3132（1970年）
モーツァルト：交響曲第35番「ハフナー」ニュー・フィルハーモニア管 Vic. VICS 1630（1971年）
ベルリオーズ「幻想交響曲」トロント響 Col. 32 11 0035（1973年）

ここに並べたレコードの共通点は、すべてジャケットに小澤征爾の顔が出ていること。それだけフォトジェニックというか、その存在が当時からカリスマ性を持っていたということなのだろう。これらは一九六六年から一九七三年にかけて、つまり彼がその三十代に残したレコード群だ。彼がボストン交響楽団の音楽監督に就任したのは一九七三年のことだから、二十三歳にしてスクーターに乗って、単身日本を飛び出してからそこに至るまでの音楽的軌跡ということになる。

僕は『小澤征爾さんと、音楽について話をする』という本を書いたとき、インタビューのために、征爾さんが若き日に残したレコードを山と積み上げて片端から聴きまくったのだが、聴き終えてその質の高さにあらためて圧倒されることになった。この人には自分のやりたいことがはっきり見えていて、それを実際の音として目の前に立ち上げていくことができるのだ。そのためには譜面を深く読み込む能力が必要だし、それをどのように実際の形にしていくかという筋道をつくって、それを他人に有効に説明し、納得させせなくてはならない。人を動かす力も必要になる。東洋の島国からふらりとやってきた一人のやせっぽちの青年が、一流のオーケストラのそれぞれに一家言を持つ海千山千の楽団員たちを、思うように動かさなくてはならないのだ。どう考えても簡単にできることではない。でもこの人にはそれができてしまうのだ。（たぶん）いとも簡単に。

もちろんボストン交響楽団の音楽監督になってからは、年齢を重ねるにつれ、彼の音楽はより充実し、ますます大柄になり、深みを増していくわけだが、その地位の向上に伴って、当然責任も重くのしかかってくる。多くの人の上に立つ管理者として為すべき義務も増えてくる。高い所に行けば行くほど風当たりも強くなる。それに比べれば、若き日の征爾さんは実に気楽な境遇だった。目の前に巡ってきたチャンスを摑んで、その波に乗っていくだけのことだ。この時期の彼の演奏には、そういう自由さと、そこから湧き上がってくるナチュラルな喜びが満ち満ちている。

たとえばこのベートーヴェンの「運命」を聴いていただきたい。若くして、シカゴ交響楽団を振って「運命」「未完成」のレコーディングをする機会を大手レコード会社、ＲＣＡから与えられるというのは、考えてみれば恐ろしいことだ。ビッグ・チャンスではあるが、一歩間違えれば指揮者としてのキャリアはそこで終わってしまうかもしれない。でも征爾さんはそんなことはとくに（たぶん）考えもせず、実に楽しそうにきびきびとシカゴ響を動かし、そこから生命感溢れる音を引き出している。そしてそれは間違いなく、何ものにも代え難い「若き日の小澤征爾」の音楽になっている。

本書は書きおろしです

古《ふる》くて素敵《すてき》なクラシック・レコードたち

2021年6月25日　第1刷発行

著　者　村上春樹《むらかみはるき》

発行者　大川繁樹

発行所　株式会社　文藝春秋

〒102-8008　東京都千代田区紀尾井町3-23

電話　03-3265-1211

印刷所　大日本印刷

製本所　大日本印刷

DTP制作　ローヤル企画

ISBN978-4-16-391383-4

Printed in Japan